国家社会科学基金青年项目（编号：13CGL021）
上海社会科学院创新工程"新文创理论与应用"创新团队阶段研究成果

大学衍生创业的影响机制与政策研究

RESEARCH ON THE INFLUENCE MECHANISM
AND POLICY OF UNIVERSITY SPIN-OFFS

曹祎遐 / 著

序　言

"大学衍生创业"(spin-offs)的概念源于国外,是研究衍生创业的一个子类,是大学教育与创新体系中的一个"副产品"。

与大学相关的创业企业(start-up),包括校办企业、学术创业、大学生创业,抑或是大学科技园区里的各类创业公司,虽然它们的形式不一,却同源于大学、依托于大学,即依赖大学的各项资源(知识、技术、人才乃至环境氛围),且这些企业的创新源通常来自大学,故统称为"大学衍生创业"。

大学衍生创业正逐步显现出新的特点与趋势。大学的边界正在不断与外界融合,即学区与社区的互动对创业企业的影响愈加明显,大学正在成为真正意义上没有围墙的开放式校园,它通过增加与社会的接触、交流和互动,为大学衍生创业企业提供社会网络资源,新时期的大学能够为创业企业提供的资源将变得愈加丰富。

在此背景下,作者尝试对大学衍生创业进行深入研究。如果掌握大学衍生创业的发展规律及如何提升创业成功率,至少可以解决当下三个现实问题。

其一,有效提升科技成果的产出与转化率。习近平总书记在2020年9月22日教育文化卫生体育领域专家代表座谈会上指出:"关键核心技术是要不来、买不来、讨不来的。提升自主创新能力,尽快突破关键核心技术,是构建新发展格局的一个关键问题。"大学作为科研体系的核心枢纽,连接着重大实验室、科技园区、民营新型研发机构、创业企业,并起到了枢纽与重要推动作用。大学的三大职能分别为教育、科研与社会服务。因此,通过积极鼓励大学衍生创业,一是注重复合型科技创新人才的培育和挖掘,集聚培育一大批"科学家"、"科业家"(科技企业家)、"科管家"(科研管理家),使之成为科技创新的带头人、科研活动的推动者、创新资源的配置者、策源产出的激励者。二是通过大学衍生创业活动,实现大学科研成果的有效转化。我国的科技成果很多,但转化率不高,最高也就30%,而发达国家一般在60%—70%。大学衍生创业作为"承校启企"的一个环节,无疑将扮演特殊的角色,承担重要的作用。

其二,大学衍生创业能够缓解毕业生就业的"燃眉之急"。2021年,全国高校毕业生有909万人,再加之疫情冲击,就业岗位需求减少,大学生就业问题迫在眉睫。在后疫情时代,全国企业逐步恢复至疫情前水平,但大多数企业因疫情的影响,面临利润降低、客户减少等困难,使得毕业生就业市场供需不匹配。大学衍生创业独立于现有劳动力市场,是开辟新市场、新产业的过程,有利于缓解就业市场的矛盾。创业能力强的学生也具有在实践中更强的自我生存、自我发展能力,他们不会成为就业的新压力,反而会创造新的就业岗位。经验表明,用等量资金投资小企业,其创造的就业机会可达到大企业的4倍,具有很高的增加就业的潜力。大学衍生创业也有利于为现有中小企业增加提供新的发展机遇,产生外溢效应,帮助中小企业渡过疫情冲击的难关,缓解中小企业现有困境,提升中小企业提供岗位的能力,进一步缓解就业市场压力。

其三,鼓励大学衍生创业能够营造创新创业氛围,鼓励基础创新、模式创新、业态创新。据调查,美国一向重视中小企业的发展,有82%的创新型产品来自中小企业,中小企业具有更强的灵活性和创新性。大学衍生创业具有正外部性和外溢效应,掌握先进技术的人才进入中小企业,为中小企业发展提供创新性路径;现有中小企业可以通过将大学研发的技术进行转化,从而促进中小企业关注研发前沿技术和再创新,为其提供企业发展新思路和新路径。通过这种方式,影响全社会营造积极的创新创业氛围,构建创新型社会,全方位调动现有资源,带动社会进行创新和开发,构建勇于创新、敢于创新和善于创新的环境与氛围,让更多人看到创新创业的回报、寻找创新创业机遇,提升人们的主观能动性与积极性。培育创业家精神将有利于经济走出低迷,促进产业转型升级;营造创新创业的社会氛围,则可以引导人们在实现个人理想的同时,使经济发展更加稳定、更加繁荣。

本书作者曹祎遐从博士阶段开始就关注大学衍生创业、小微企业创新等研究领域的发展。此项研究基于国家哲学社会科学基金项目,团队用了几年的时间,通过大量的实证研究(包括案例分析和问卷调查等形式)对大学衍生创业进行了较为深入的系统研究,有较高的学习和参考价值。

是为序。

陈 宪

上海交通大学安泰经济与管理学院 教授、博导

2021年4月16日

目　录

第一章　导论 …………………………………………………………… 1
　第一节　研究背景及问题的提出 …………………………………… 1
　　一、大学职能定位的模糊 ………………………………………… 2
　　二、大学与创业之间存在脱节 …………………………………… 2
　　三、现有研究理论体系的不完整 ………………………………… 3
　　四、国内外大学衍生企业发展实践缺乏理论指导 ……………… 3
　第二节　研究目的与意义 …………………………………………… 4
　　一、研究目的 ……………………………………………………… 4
　　二、研究意义 ……………………………………………………… 5
　　三、研究难点 ……………………………………………………… 6
　第三节　研究方法与思路 …………………………………………… 6
　　一、研究方法 ……………………………………………………… 6
　　二、技术路线 ……………………………………………………… 9
　　三、可行性分析 …………………………………………………… 9
　第四节　研究框架 …………………………………………………… 10
　第五节　本章小结 …………………………………………………… 11

第二章　文献综述 ……………………………………………………… **12**
　第一节　创业环境 …………………………………………………… 12
　　一、概念综述 ……………………………………………………… 12
　　二、创业环境的结构模型综述 …………………………………… 13
　第二节　大学衍生企业 ……………………………………………… 16
　　一、概念界定 ……………………………………………………… 16
　　二、大学衍生企业的演进机制与发展模式 ……………………… 18

第三节 影响大学衍生创业的因素研究综述 …………………… 21
  一、国家与地区及高校政策研究 …………………………… 21
  二、大学内在禀赋综述 ……………………………………… 24
  三、个人因素对创业意愿的影响 …………………………… 30
  四、大学衍生企业社会资源综述 …………………………… 33
第四节 产学研合作模式 ………………………………………… 36
  一、产学研合作的定义 ……………………………………… 36
  二、产学研合作的动机 ……………………………………… 37
  三、产学研合作方式 ………………………………………… 37
  四、三螺旋模式 ……………………………………………… 39
第五节 关于大学衍生创业的实证综述 ………………………… 42
  一、影响大学衍生企业产生的因素方面的实证研究 ……… 42
  二、关于大学衍生企业产生与发展过程的实证研究 ……… 46

第三章 基于价值链理论的大学衍生创业研究框架 …………… **53**
第一节 价值链理论概况及阐释 ………………………………… 53
  一、企业资源视角（物质、技术、人力、外部关系） …… 53
  二、企业能力视角 …………………………………………… 55
  三、社会关系网络视角 ……………………………………… 57
第二节 基于价值链的大学衍生创业研究 ……………………… 58
  一、大学衍生企业资源视角 ………………………………… 59
  二、大学衍生企业能力视角 ………………………………… 62
  三、大学衍生企业社会关系网络视角 ……………………… 64
第三节 大学衍生创业的实证分析 ……………………………… 66

第四章 研究设计及案例背景 ……………………………………… **71**
第一节 研究方法选择 …………………………………………… 71
第二节 研究设计 ………………………………………………… 72
  一、多案例研究 ……………………………………………… 72
  二、案例研究检验 …………………………………………… 72
第三节 案例选择 ………………………………………………… 73
第四节 案例背景 ………………………………………………… 74

一、同方股份有限公司 …………………………………… 74
　　二、复星集团 …………………………………………… 75
　　三、分众传媒有限公司 …………………………………… 76
　　四、聚力传媒技术有限公司 ……………………………… 78
　　五、杭州泛城科技有限公司 ……………………………… 79
　　六、广州九尾信息科技有限公司 ………………………… 81
　第五节　本章小结 …………………………………………… 83

第五章　大学衍生创业演进路径规律多案例研究 …………… 84
　第一节　案例描述与分析 …………………………………… 84
　　一、陆致成创业案例 ……………………………………… 84
　　二、郭广昌创业案例 ……………………………………… 87
　　三、江南春创业案例 ……………………………………… 90
　　四、姚欣创业案例 ………………………………………… 93
　　五、陈伟星创业案例 ……………………………………… 97
　　六、王锐旭创业案例 ……………………………………… 100
　　七、案例分析小结 ………………………………………… 104
　第二节　案例的异同点分析 ………………………………… 107
　　一、案例的不同点分析 …………………………………… 107
　　二、案例的相同点分析 …………………………………… 108
　第三节　大学衍生创业演进规律分析 ……………………… 110
　　一、核心问题 ……………………………………………… 110
　　二、研究假设的检验 ……………………………………… 110
　　三、大学衍生创业演进路径 ……………………………… 116
　第四节　本章小结 …………………………………………… 117

第六章　大学衍生创业的实证分析 …………………………… 119
　第一节　调查研究的设计 …………………………………… 119
　第二节　调查研究的实施步骤 ……………………………… 120
　第三节　变量设计 …………………………………………… 120
　　一、因变量设计 …………………………………………… 120
　　二、自变量设计 …………………………………………… 123

  第四节 结果分析 ·················· 127

第七章 问卷调查结果及分析 ················ **136**
  第一节 调查对象基本情况统计 ············ 136
  第二节 量表的信度、效度检验 ············ 139
  第三节 路径系数及研究结论 ·············· 145

第八章 结论 ··························· **155**

附录：大学对创业实施的影响因素调查问卷 ········ **160**

参考文献 ····························· **168**

后记 ································ **180**

第一章 导论

第一节 研究背景及问题的提出

"借助改革创新的东风,推动中国经济科学发展,掀起'大众创业''草根创业'的新浪潮,形成'万众创业'的新态势"。这句话自 2014 年 9 月在夏季达沃斯论坛上被提出以后,创新创业已成为政府工作的重要目标和推动中国经济调速不减速、量增质更优的新引擎。而大学作为高科技、新兴人才的关键输送地,实现科技成果转化、帮助孵化高新技术企业是大学发展的重要议题。随着产学研合作以及一大批大学科技园兴起,大学成为创办高新技术企业的新引擎。因此大学更应把握和利用好自身的优势,以更开放的姿态响应政府号召,为初创企业的诞生提供良好的孵化环境和资源支持。

在两大背景下,一系列有针对性、建设性的政策出台,支持和引导中国创新发展、经济转型。2014 年 4 月 30 日李克强主持召开国务院常务会议,部署支持外贸稳定增长和优化结构的有关工作,其中提到要进一步落实促进高校毕业生就业创业的政策措施,把高校毕业生就业创业置于突出位置,发挥市场作用、着力改革创新,优化就业创业环境,力争使高校毕业生就业创业双比例提高。2014 年 5 月 13 日,国务院办公厅《关于做好 2014 年全国普通高等学校毕业生就业创业工作的通知》聚焦多方位拓宽就业创业渠道。2015 年 1 月 26 日,国务院《关于国家重大科研基础设施和大型科研仪器向社会开放的意见》部署加快推进科研设施向社会开放,形成大学与学区的良性互动。教育部 2005 年发布的《教育部关于积极发展、规范管理高校科技产业的指导意见》则明确提出,大学利用科技和人才优势创办科技企业,要以转化高新技术成果并实现产业化为目的,大力孵化具有特色和优势、具有自主知识产权的科技企业。《国家中长期科学和技术发展规划纲要（2006—2020年）》提出，今后要进一步增强科研机构、高等学校面向社会的创新服务功能，激发科技人员服务企业的积极性，推进产学研相结合的技术创新体系建设。十八届三中全会发布的《中共中央关于全面深化改革若干重大问题的决定》中也指出，要加强高校知识产权的运用和保护，健全技术转移机制，促进科技成果资本化和产业化。2015年修订的《中华人民共和国促进科技成果转化法》中明确指出，鼓励包括研究开发机构、高等院校在内的科技成果持有者采取多种形式进行成果转化，国家在税收、信贷、信息服务等方面给予支持。同时国家鼓励企业与研究开发机构、高等院校及其他组织采取多种产学研合作方式，并且大力支持科技企业孵化器、大学科技园等科技企业孵化机构发展。

但在知识经济化和知识产业化的浪潮下，除却中央和地方的大力支持和大学自身的努力，我们也发现企业技术创新、大学技术成果产业化资本化，以及产学研合作依然存在着一系列亟待解决的难题。

一、大学职能定位的模糊

大学作为国家创新体系的重要组成部分，近年来其人才培育、科学研究的基本职能的不断延展，成为学者关注的热点。大学和产业在社会职责与核心价值观上存在很大差异，大学衍生企业作为一种有效衔接大学和产业、促使大学技术顺利向产业转移的重要技术模式，其重要地位不言而喻。但大学衍生企业的技术模式和创业途径在理论界一直存在争议。职能拓展对传统功能的侵蚀让人对大学的核心价值、功能定位的偏差与否存疑。

二、大学与创业之间存在脱节

目前，中国大学与创业的对接仍存在不少问题：（1）高校科技成果转化率和产业化率低。截至2018年年底，中国国内（不含港澳台）发明专利拥有量已经达到160.2万件，同比增长18.1%，但专利的转化率并不高。《中华人民共和国国家知识产权局2017年度报告》显示，高校作为中国科技研发的重要阵地，在科技成果转化方面肩负着重要责任，但高校科技成果申请专利的比例不高，仅为22.6%，远低于企业的科技成果申请专利比例（62.4%），其中近五成高校的科技成果申请专利的比例在10%以下。同时，中国高校科技成果转化率仅为11.4%。《知识产权与美国经济：2016更新版》和《知识产权密集型产业及其在欧盟的经济表现》报告显示2014年美国的81个知识产权密集型产业创造产值6.6万亿美元，对美国国内生产总值(GDP)的贡献率达38.2%，超过42%的欧盟总经济产出产生于知识产权密集型产业，而在中国这一比率为30%。另外，发明专利申请的授权率也不高。国家知识产权局数据显示，2018年，中国发明专利的申请量为154.2万件，但同年成功授权的发明专利为43.2万件，其中国内的发明专利授权更少，仅34.6万件，不到申请量的四分之一；中国国内有效发明专利平均维持年限仅为6.4年。(2)目前大学人才培育存在"资源的不对口"问题，针对创业型人才的复合型培养机制显然缺失。(3)中国大学功能的"大而全"导致大学无法形成自身的特色，缺乏学科架构的设计使得大学培养的人才无法适应社会的需要。

三、现有研究理论体系的不完整

从国内外现有的研究成果来看，关于大学衍生创业的研究依然存在着理论体系的不严密和不完整性。国外研究主要集中于产学研结合模式对衍生企业的影响研究、衍生企业在产学研结合背景下的影响机制研究、大学衍生创业的环境与绩效评价几类。国内关于大学衍生创业的研究成果主要集中于在宏观层面上探讨通过"官产学研"的螺旋型关系加速科技成果转化及促进创业企业成长与发展，微观层面上则注重通过研究影响创业者的相关因素进行实证分析。国内在大学衍生创业的研究方面尚未形成严密的理论框架，大部分研究偏重于从单纯的行为理论角度探讨创业者的相关因素，或考察大学的资源溢出效应、技术成功转化以及三螺旋模型等。在分析视角上忽视了大学本身的价值诉求和文化理念对创业衍生企业演化过程的影响。而国外的研究是立足于其特有的社会环境发展阶段及价值诉求的，有一定的内生性，理论套用对中国创业衍生企业发展的适应性较低。

四、国内外大学衍生企业发展实践缺乏理论指导

从实践领域来看，虽然大学衍生企业目前发展势头正盛，但不管是国内还是国外，不同的大学在衍生企业活动上都存在明显、持续的不均衡现象。一些

大学只能创办极少的衍生企业,而另一些大学能够持续衍生大量企业。比如哈佛大学、普林斯顿大学等世界知名的研究型大学,虽然科学研究处于一流水平,但在创业和衍生企业方面的表现远不如麻省理工、加州大学、斯坦福大学等。而在国内,大学衍生企业产生较晚,因此整体发展水平低于美国等发达国家,但这种不均衡现象依然存在。一些大学能持续创建衍生企业,并且这些企业长期运营良好,但有些大学很少衍生企业,或者在衍生出为数不多业绩良好的企业后出现停滞现象。《全球创业观察 2016/2017 报告》显示,中国早期创业活动指数为 12.84%,已经高于美国等创新驱动国家,反映出中国人的整体创业意愿在成员国中处于较高水平,然而尽管中国初创企业活跃度全球最高,但是既成企业比例偏低。此外,中国初创企业在提供创新产品方面排名很低,初创企业创新度不足,中国创业企业仍处于由生存型创业为主转向机会型创业为主的过渡阶段。

因此,本研究聚焦于大学衍生企业的创建和发展机制,并着重于研究大学对衍生企业的服务和支持作用。本研究在已有研究成果基础上对大学衍生企业的影响机制进行了分析,构建理论体系,并通过探讨具体的案例总结经验,为促进中国大学的变革和社会创新创业事业提供理论基础。

第二节 研究目的与意义

本研究将在主要概念界定基础上,探究大学衍生创业企业初创、发展、强化、再创新的四个阶段中的主要影响因素及其与大学本体的互动关联机制,进而探究整个创业链的发生和改进机制。

一、研究目的

第一,构建新的研究范式,对大学衍生层面的技术问题展开深入分析,理清影响其发展演变的主要因素及联系,找到其演化的路径与规律。大学与创业的脱节阻碍了整个社会的创新和经济持续增长,对大学自身的政策、机制、理念、功能等方面的深入研究亟待推进。国内外研究尚缺乏整合性的研究框架使现有成果难以体系化,大学层面的衍生能力长期被忽视是现阶段的重要难题。针对这一难题,本研究准备以大学的支持和服务功能为切入点,构建大学衍生创业的理论体系,建立衍生能力研究的理论路径。

具体来说,本研究基于社会学、经济学、管理学等多学科的理论与方法,通过理论阐释、案例研究和数据分析,系统地研究大学衍生创业能力。通过分析商业创意、创业项目、衍生企业、价值输出这四个关键环节探究如何有效提升创业意愿向创业实际行动的转化率,如何使创业企业更好地把握创业机遇提升创业成功率,如何借助大学的优势资源有效提升创业企业的创业绩效,帮助更多新技术新模式向新产业新业态顺利转化,理清大学衍生创业链条间的作用机制,并进一步实现机制改良和创新。

第二,着重分析大学自身相关因素对衍生企业发展的影响,以及促进大学与企业的动态互动和大学技术成果转移的条件。在成功的理论解释基础上提出有利于大学衍生能力提升的政策建议和制度安排,为中国大学的创新发展以及大学服务社会的功能的实现提供参考。当前中国大学技术成果转化率低、产业化率低,本研究表明大学借助其独特优势能够有效促进科技成果转移,提高创业企业的衍生能力和衍生效果,并促进衍生企业与大学的双赢发展。

二、研究意义

本研究具有比较突出的理论意义和实践意义。

在理论意义方面,首先,构建了大学衍生创业的理论框架,创新地引入价值链理论探讨大学衍生企业的创建和发展过程,从而挖掘其演进的内在规律和作用机制。目前大学衍生创业的研究大多采用实证分析,少有系统的理论框架,而本研究系统地构建大学衍生企业产生和发展的理论框架,从而提炼一般性的理论和方法,完善大学衍生创业研究领域的理论体系。其次,大学自身的支持和服务功能对大学衍生创业的影响也将在本研究中体现。本研究对指导大学合理利用各类资源,进一步充实已有的资源基础理论、组织能力理论、大学治理理论均有着积极意义。最后,本研究将大学衍生创业的理论分析和实证研究相结合,加深对大学在衍生企业发展过程中的角色和作用的认识。随着协同创新和产学研合作的重要性日益凸显,大学在知识产出和应用方面将发挥更大的作用。本研究为增强大学和企业之间的互动合作,推动地区经济发展提供了有意义的理论探索。

在实践意义方面,本研究为政府和许多大学制定合理的经济、科研和科技成果转化及商业化方面的政策提供了指导,为大学更好地发展并服务于社会提供了参考。目前,中国企业的一大通病是以降低产品价格的方式获得竞争力,以至于中国企业处于价值链的低端,市场效益和发展前景差,其根本原因在于缺乏自主创新的意愿和能力。因此,增强中国企业的竞争力,提升中国创新能力的最可行而有效的途径,就是依托已有大量科技创新成果的大学,推进大学科技成果的产业化。因而培育大学衍生企业成为当前一个紧迫且重要的议题。此外,中国存在高校科技成果转化率和产业化率低的问题,其中一个原因是中国大学的衍生企业能力没有被充分挖掘,使得许多科技成果无法直接转化。因此更应重视大学衍生创业的发展,系统地研究大学衍生创业的理论框架有着重要的现实意义。

三、研究难点

本研究的难点主要存于理论分析中。大学衍生企业的孵化成长至成熟是一个动态演进的过程,也是一个复杂的社会过程,众多影响因素和干扰因素的存在会阻碍理论的设定和推导,一些因素不可控或不可预测则给研究带来更大的困难。而研究者主观倾向、推理过程的真实反映则是本文需要重点解决的难题。其次是数据分析的工具选择问题,本研究作为一次探索和解释性的研究,需要大量真实资料和数据,如有条件还应利用定量数据进行模型验证,这些数据的收集与处理是本研究的难点之一。另一方面,如何定义复杂的概念,如何全面考虑影响因素,如何选择合适的分析工具,都是本研究的操作层面的难点。

第三节　研究方法与思路

一、研究方法

考虑到课题涉及面、研究对象的特点、研究经费和后期成果展现等多重因素以及研究的针对性、精准性和可行性的目标实现,本研究主要采用文献综述、基础理论、案例研究和调查研究等方法。

（一）文献综述

文献综述是理论推导和演绎的基础，是在总结前人研究成果的基础上界定出自己的研究问题并为研究定位，是分析问题、理论推导以及创新的基础。本研究将在归纳总结现有研究文献主要观点的基础上评价已有结论、找出现有研究的不足和可改进之处、得出未来研究趋势、定立研究方向。

（二）基础理论

基础理论又称扎根理论或深入理论，是一种重要的定性研究方法。研究者通过收集、分析和比较来发掘研究视角，构建相应的理论，对感兴趣的现象进行深入研究。该研究方法通过对相关资料的收集与归纳展开分析，比较各类特质后进行分类归纳，并可深究各类别间的差异及造成差异的影响因素。本研究通过资料收集、归纳和探讨等一系列过程，梳理重要的研究概念，在初期形成明晰的理论和实证研究框架。

（三）案例研究

案例研究是在真实的社会环境下对实践进行总结，对理论进行验证并据以分析特定环境中社会或组织的具体情况。本研究采用多案例研究的方法，在采用基础理论方法建立起的理论模型的基础上展开深入的分析，力图发现现象背后隐藏的规律，得到更有价值和普遍意义的研究结论。

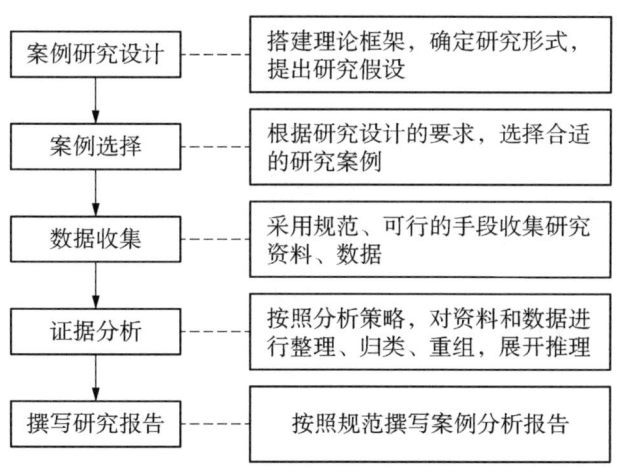

图 1-1　案例研究分析方法及路径

(四) 调查研究

调查研究能发现复杂现象中关键的变量与其他变量之间的关系,探讨自变量与因变量之间的关系。在本研究中,根据已经构建的初始模型框架设计调查问卷,通过收集的数据统计分析结果验证模型的相关假设,根据结果对模型进行适当调整,以保证研究的有效性。整个调查研究以及问卷设计的完整过程如图1-2所示。

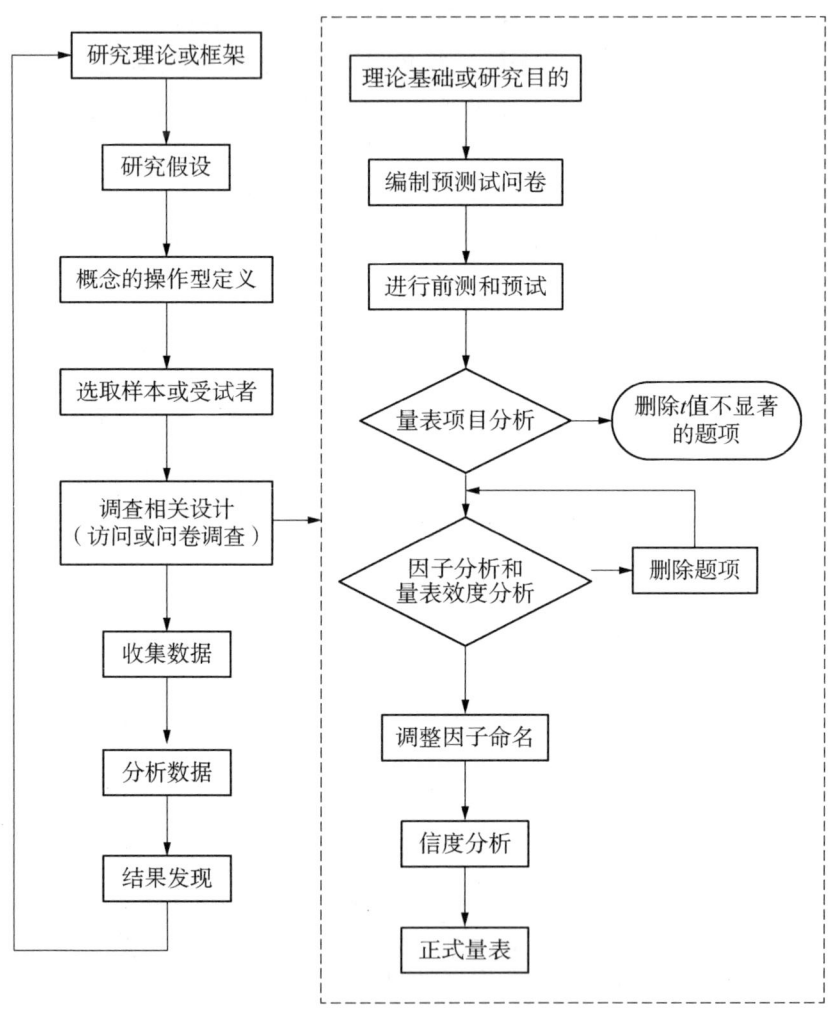

图1-2 调查研究分析方法及路径

二、技术路线

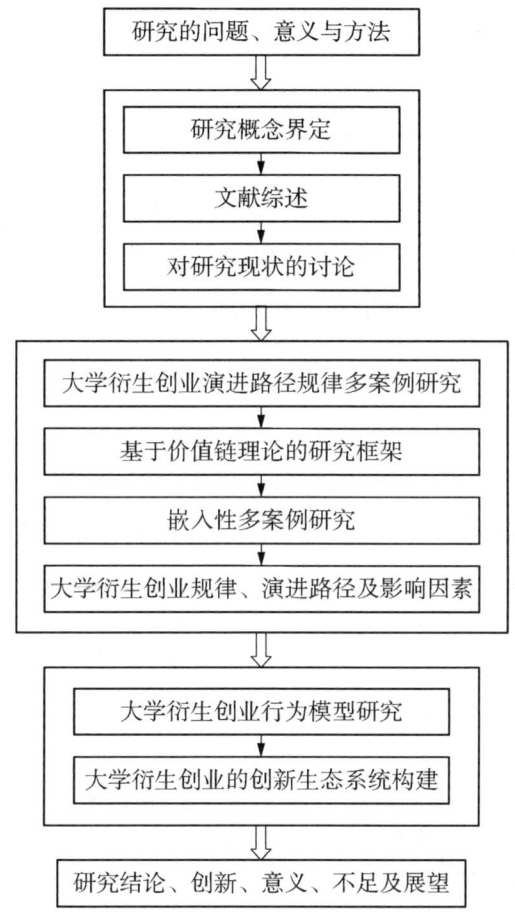

图1-3 大学衍生创业的影响因素研究技术路线

三、可行性分析

已有的理论基础为本研究的进行提供了必要的背景和知识储备,在此基础上我们寻求新的理论突破之处,以期完善补充整个理论体系。

其次,在国家政策支持和内外部环境的优化条件下,中国大学衍生企业的数量和规模日趋增长,这为本研究的设计及进行提供了丰富的实例资料。

第四节 研究框架

本书共分八章,每章主要内容简介如下:

第一章:介绍研究背景、研究目的与意义、研究方法与思路以及研究框架。

第二章:主要概念界定与文献综述。对研究涉及的概念进行解释和界定,并从"创业环境""大学衍生创业的影响因素""发展模式和演进机制""产学研模式"和"实证综述"五个维度对大学衍生创业的已有理论进行回顾和总结。在文献综述基础上探讨了过往研究的缺陷以及新研究的必要性,引出后文的框架线索。

第三章:介绍基于价值链理论的大学衍生创业研究框架。指出已有的价值链理论研究方法和模型存在改进和完善的空间,对价值链理论概念进行界定并进行理论探讨和拓展。以此为基础构建新的理论模型并提出研究假设,为后续研究工作的开展打下基础。

第四章:为展开案例研究选择研究方法和设计。综合考虑案例选择的原则和公司的具体情况选取六个案例作为研究样本,并介绍案例的具体背景信息,同时确定了案例研究的质量判定标准。本章为后续案例研究提供了科学有效的方法和理论依据。

第五章:本研究中最有创新价值的重点环节。基于第三章设立的价值链理论模型,开展嵌入性多案例研究,对六家大学衍生企业发展案例进行深度剖析,总结六个个案间的异同点并通过对案例的总结比较,探讨了核心问题、演进路径及重要影响。

第六章:大学衍生创业影响因素模型研究。

第七章:大学衍生创业实证研究。

第八章:对本研究的主要研究结论进行总结,指出研究的主要创新点及贡献,分析研究的意义及尚存在的不足之处。同时对未来研究的广度和深度进行了探讨和展望。

第五节 本章小结

本章是全书之开篇,主要涵盖要解决的问题、立题缘由和背景及解决问题的路径等方面,回答了"研究的问题是什么","为什么要研究"以及"怎样进行研究"三项基本问题。

第二章 文献综述

第一节 创业环境

一、概念综述

关于环境的定义[①],在组织理论中,存在两种观点,一种是环境决定论,即认为环境是组织必须适应的一系列外部条件,如 Richard L. Daft 将组织的环境定义为"存在于组织边界之外,可能对组织总体或局部产生影响的所有因素";另一种是战略选择论,即认为环境是组织自身感知的"客体",如 Gareth Jones 等人将组织环境定义为"超出组织边界但对管理者获得、运用资源有影响的一组力量和条件的组合"。不管哪种观点都揭示出环境的重要作用。在创业行为中,创业环境对于创业的产生和后续发展起到重要作用。牛娇总结了关于创业环境概念的观点[②],并将其分为三类:第一类为"平台论",该观点认为创业环境实际为创业活动的平台,是政府和社会为创业者创办新企业搭建的一个公共平台;第二类为"因素论",创业环境是创业过程中各种因素的组合,如杨武斌认为创业环境就是在创业企业成长过程中影响其发展的一切外部因素的总和[③];第三类为"两者论",即认为创业环境就是影响人们创业的各种外部因素的总和,它是一个整体,既包括政府和社会为创业提供的公共平台,也包括创业过程中对创业活动产生影响的各种因素。

---

① 蔡莉,崔启国,史琳.创业环境研究框架[J].吉林大学社会科学学报,2007(1):50-56.
② 牛娇.创业环境与创业机会的关系研究——以西安市中小企业为例[D].西安:西北大学,2009.
③ 杨武斌.创业环境是创业成功的外部条件.重庆创业商务咨询网,2005-3-10.

二、创业环境的结构模型综述

国外对创业环境构成模型的研究中,影响最大的有两种:一种是 Gnyawali 和 Fogel 的五维度模型,另一种是 GEM 的九方面模型。

Gnyawali 和 Fogel[1]认为创业环境是创业过程中多重因素的组合,对初创企业的生存和成长产生很大的影响力。主要包含五个维度的影响:政府政策和工作程序、社会经济条件、创业和管理技能、对创业的资金支持和对创业的非资金支持。

全球创业观察(Globe Entrepreneurship Monitor,GEM)是由美国的百森学院和英国伦敦商学院联合主办的项目,主要研究全球创业活动的趋势和变化,发掘国家创业活动的驱动力、创业与经济增长之间的作用机制和评估国家创业政策。GEM 提出的创业环境模型将创业环境分为九个维度:金融支持、政府政策、政府项目、教育和培训、研究开发转移、商业环境和专业基础设施、国内市场开放程度、实体基础设施的可得性、文化及社会规范。

国外一些其他学者的研究如下:

Gartner 对企业的创立从个体、组织、过程和环境四个角度进行了描述[2],认为创业环境主要由资源的可获取性、创业者的创业态度、政府部门的支持度及大学和科研机构资源等因素组成。Romanelli 的研究发现,资源的可利用性对企业的树立创建产生重大的影响,同时也会对新创企业融入环境的能力产生影响[3]。Bloodgood 和 Sapienza 从微观层次出发,认为影响创业行为的潜在环境因素主要包含政治经济环境、政府机构和文化、地方社区、家庭和支持系统、财务资源、供应商、顾客及员工等[4]。Anna Lee Saxenian 在对硅谷地区移民创业情况进行研究时,将当地的创业环境划分为以下几方面因素:地区网络为基础的工业体系、密集的社会网络、开放的人才市场及地区的社会文化氛

---

[1] Gnyawali D R, Fogel D S. Environments for entrepreneurship development: key dimensions and research implications [J]. Entrepreneurship Theory & Practice, 1994,18(4): 43-62.

[2] Gartner W B. A conceptual framework for describing the phenomenon of new venture creation [J]. The Academy of Management Review, 1985,10(4): 696-709.

[3] Romanelli E. Organization birth and population ecology, a community perspective on origins [M]. JAI Press, 1989: 211-246.

[4] Bloodgood J M, et al. The Internationalization of new high-potential U S. ventures: antecedents and outcomes [J]. Entrepreneurship Theory and Practice, 1996,(4): 61-67.

围等①。Morris 和 Kuratko 将公司组织内部影响创业产生和发展的因素分为组织结构、控制系统、人力资源管理和组织文化等方面②。Markley 提出社会文化氛围、基础设施状况、政府对待创业的态度与支持政策等内容都属于创业面临的外部环境条件③。Sahlman 从宏观角度提出创业需要面临的外部环境因素包括宏观经济形势、资本市场利率、创业政策及行业壁垒状况等创业主体或组织无法掌控的因素④。Minnitti 提出影响创业的外部环境因素包括客观因素和创业的基础条件,其中客观因素包括经济、制度环境,创业的基础条件则主要体现为创业获利状况⑤。Lumpkin 和 Dess 提出将动态性和敌对性作为创业环境的两个维度⑥。

国内对于创业环境的研究比较分散,尚未形成系统的研究,主要是在国外的理论框架下,针对某一国家或地区的创业环境进行分析。主要的成果如下:

池仁勇比较了美日两国的中小企业的开业率和闭业率,认为创业环境模型系统应包括创业者培育系统、企业孵化系统、企业培育系统、风险管理系统、成功报酬系统和创业网络系统六方面⑦。张玉利则指出创业环境不仅仅包括影响创业活动的政治、文化、经济等要素,还应当涵盖获得创业支持和帮助的可能性⑧。他认为创业环境包括政府政策与工作程序、社会经济条件、创业与管理技能和金融与非金融支持这四个方面。张文涛从组织生态理论的角度对创业环境因子进行分析,将创业相关的环境分为了三个层次:宏观体制、中观社区、微观群落⑨,并且分别分析了不同层次的创业环境对创业绩效的影响,对

---

① Anna Lee Saxenian. Silicon Valley's new immigrant entrepreneurs [Z]. Sanfrancisco: Public Policy Institute of California, Working Paper, 2000.
② Morris M H, Kuratko D F, Corporate entrepreneurship [M]. Harcourt College Publishers, 2003.
③ Markley D. Community environment for entrepreneurship [C]. Center for Rural Entrepreneurship, 2002.
④ Sahlman W A. Some thoughts on business plan: The entrepreneurial venture [M]. N Y: HBS publication, 1999.
⑤ Minnitti M, Bygrave W D. The microfoundations of entrepreneurship [J]. Entrepreneurship Theory and Practice, 1999,(4): 21 - 35.
⑥ Lumpkin G T, Dess G G. Linking two dimensions of entrepreneurial orientation to firm performance: the moderating role of environment and industry life cycle [J]. Journal of Business Venturing, 2001,16: 429 - 451.
⑦ 池仁勇. 美日创业环境比较研究[J]. 外国经济与管理,2002(9): 13 - 19.
⑧ 张玉利,陈立新. 中小企业创业的核心要素与创业环境分析[J]. 经济界,2004(3): 29 - 34.
⑨ 张文涛. 基于组织生态理论的创业环境因子探析[J]. 首都经济贸易大学学报,2006(1): 15 - 19.

培育中国创业驱动型环境因子的可行性进行了研究。郭元源等根据创业功能的不同，将城市创业环境系统分为经济基础、服务支撑系统、科教支撑系统、文化支撑系统和环境支撑系统五个子系统[①]。黎娟等将科技人员的创业环境的评价指标分为八个类别，分别为：自然环境体系、社会环境体系、经济环境体系、智力技术支撑体系、产业支撑体系、社会服务支撑体系、法律政策支撑体系和融资支撑体系[②]。苏益男在研究创业环境对大学生创业影响中，将大学生创业环境划分为政策环境、经济环境、教育及培训环境、融资环境及社会文化环境五个维度[③]，并针对这五个方面对促进大学生创业提出了建议。胡玲玉认为创业环境包括市场资源环境和制度规范环境[④]。其中，市场资源环境包含资金、技术、人才等创业必备的初始资源，是创业活动产生的基础条件；制度规范环境包含政策、规范等制度要素，影响新创企业获取资源、合法性以及创业者的社会认同。周勇在研究中提到创业环境是企业创建和发展过程中重要的社会系统，是由创业文化、创业政策制度、社会经济以及技术等要素构成的有机整体[⑤]。王淑荣将创业环境归为金融支持、政策支持、政府项目、教育培训、研究开发转移、商业和专业基础设施、市场开放程度、有形基础设施、文化社会规范九大类[⑥]。刘伟构建了创业环境构成要素模型，模型中创业环境包括政策法规、金融、市场、科技、人才、社会文化、基础设施和自然等创业环境要素[⑦]。这些要素在诱致性因素和强制性因素的共同作用下，通过各环境生态子系统交互作用、累进循环而形成，通过创业者、创业机会和创业资源而发挥作用。金益多将创业环境分为五大类：经济环境、技术环境、政策环境、教育环境和社会环境，并结合河北大学生创业环境实证提出了创业环境评价指标体系[⑧]。包

---

① 郭元源.城市创业环境评价方法及应用研究[D].杭州：浙江工业大学,2005.
② 黎涓,祁雪.科技人员创业环境评价模型研究[J].天津科技,2009(4)：116-119.
③ 苏益男.大学生创业环境的结构维度、问题分析及对策研究[J].徐州师范大学学报,2009(11)：117-121.
④ 胡玲玉,吴剑琳,古继宝.创业环境和创业自我效能对个体创业意向的影响[J].管理学报,2014(10)：1484-1490.
⑤ 周勇,凤启龙,陈迪.创业环境对大学生自主创业动机的影响研究——基于江、浙、沪高校的调研[J].教育发展研究,2014(17)：33-37.
⑥ 王淑荣,牟莉莉.基于GEM模型的大连市中小企业创业环境分析[J].对外经贸,2013(12)：101-104.
⑦ 刘伟,罗公利.基于组织生态理论的科技企业创业环境构成要素模型研究[J].青岛科技大学学报(社会科学版),2015,31(01)：69-74.
⑧ 金益多.河北省大学生创业环境[J].河北联合大学学报(社会科学版),2016,16(01)：75-80.

姣姣引入创业生态系统理论,将影响创业环境的因素分为微观环境因子、宏观环境因子和资源层环境因子三类[①]。其中微观环境因子包括创业能力、创业文化,宏观环境因子包括市场环境、政策环境、基建与服务,资源层环境因子包括人才支持、技术支持、资金支持。

国内外的研究表明,对于创业环境结构系统尚未形成统一的模型,使用中应结合地区、环境、文化等差异而选取具体的影响因素。

第二节 大学衍生企业

一、概念界定

大学衍生创业企业与普通的创业公司有着很大的不同,最重要的一点是其与大学之间的联系。Cooper 首次提出大学衍生企业这一概念,一直受到众多研究者的关注[②]。一些早期文献认为大学衍生创业是大学为了寻求使其研发活动产生经济上的回报而将大学的研发成果商业化的结果,本质上是一种技术转让活动[③]。但是这种定义没有将大学衍生企业和专利授权等技术转让活动进行区分,忽略了大学衍生创业企业中来自大学的人力资本的重要作用。Nicolaou 和 Birley 在对大学衍生创业进行分类时考虑到了掌握创业企业所使用技术的学者是否加入了创业公司,提出学者面临着完全加入创业公司以及部分或完全保留其在研究机构的工作的选择[④]。Mcqueen 认为被定义为大学

[①] 包姣姣. 创业环境对众创空间创业绩效影响研究[D]. 石家庄:河北经贸大学,2018.
[②] Cooper A C. Spin-offs and technical entrepreneurship [J]. IEEE Transactions on Engineering Management, 1971, EM-18(1): 2-6.
[③] Roberts E B, Malonet D E. Policies and structures for spinning off new companies from research and development organizations [J]. R & D Management, 1996,26(1): 17-48; Steffensen M, Rogers E M, Speakman K. Spin-offs from research centers at a research university [J]. Journal of Business Venturing, 2000,15(1): 93-111; Rogers E M, Takegami S, Yin J. Lessons learned about technology transfer [J]. Technovation, 2001,21(4): 253-261.
[④] Nicolaou N, Birley S. Academic networks in a trichotomous categorisation of university spinouts [J]. Journal of Business Venturing, 2003a, 18(3): 333-359; Nicolaou N, Birley S. Social networks in organizational emergence: The University Spinout Phenomenon [J]. Management Science, 2003b, 49(12): 1702-1725.

衍生企业需要满足三个标准[①]，一是公司的创始人必须是大学的雇员；二是企业的核心技术必须是产生于大学的；三是学校与公司之间的传递是直接的，而非间接的。后来众多对大学衍生企业的定义基本上是依赖于上述前两点进行的拓展。Pirnay定义大学衍生企业是对大学内知识、技术和研究成果进行商业开发而创办的新公司，其创立者为大学员工或在学校和新公司之间建立了契约关系，大学通过各种方式，包括提供实验室或办公场所、贷款或资产、知识产权来支持企业[②]。该定义跳出了创立者必须是学校雇员的这一框架，认为大学衍生企业应是一家独立的公司，而非学校的附属。李雯定义大学衍生企业是指大学为从商业上开发自身所产生的新知识、技术或研究结果而创建的新企业，并指出了大学衍生企业的两个关键特征：（1）企业创办者是大学的雇员；（2）企业赖以生存的关键技术来自大学[③]。任浩等认为大学衍生企业的基本含义是大学研究和技术转化出来的企业或大学员工创办的企业[④]。大学衍生企业具有双重属性。一是它源自大学，大学文化、学科、机构、政策、人员等直接决定了大学衍生企业的创设；二是接受市场检验，参与市场竞争。大学衍生企业的双重特性体现在市场与大学相互作用和相互推动。

　　根据已有文献对大学衍生企业以及大学衍生创业的定义作一界定：创业是一种行为，是动词；而企业是创业的结果，是名词。本研究中的大学衍生创业，广义上就是指依托大学资源而产生并发展的创业行为。大学衍生企业是指创新源泉主要来源于大学，并且依托于大学的各方面资源而创立成长的创业企业。大学衍生创业是大学衍生企业发展的基础和前提，是大学衍生企业的产生过程，大学衍生企业的创建过程包括大学衍生创业。除此之外，大学衍生企业的范围相比大学衍生创业的范围更广，大学衍生企业包括非创业企业，非小微企业，而大学衍生创业的主体一般指初创的小微企业。"大学衍生企业"与文中"衍生企业""大学衍生创业的企业""大学衍生创业企业"为同一概念。"大学衍生创业"与文中"衍生创业"为同一概念。

---

① Mcqueen D H, Wallmark J T. Spin-off companies from chalmers university of eechnology [J]. Technovation, 1982,1(4): 305-315.
② Pirnay F, Surlemont B, Nlemvo F. Toward a typology of university spin-Offs [J]. Small Business Economics, 2003,21(4): 355-369.
③ 李雯,夏清华. 大学衍生企业的创业支持网络研究——构成要素及有效性[J]. 科学学研究,2013(5).
④ 任浩,卞庆珍. 大学衍生企业：概念属性、创生动因与运行机制[J]. 南京社会科学,2018(06): 82-88.

二、大学衍生企业的演进机制与发展模式

大学和企业原本是两种截然不同的组织类型,而大学衍生企业将大学与企业连接,这种产学合作模式是随着大学和企业发展演进才出现的,它的诞生离不开大学本身职能的演化。我们首先从大学自身职能演化的发展过程中,来探究大学衍生企业的演进机制。

大学职能的发展经历了三个阶段:第一阶段是单一职能观,以 Newman 的观点为代表[①],认为理想的大学应致力于追求高深学问,培育人才和绅士,这一阶段的大学职能单一,仅通过教学活动来实现;第二阶段是双重职能观,理想的大学是以洪堡精神所代表的倡导科学研究和教学并重的大学,形成坚持培养人才与发展科学的双重职能观;第三阶段是多重职能观,理想的大学是亚伯拉罕·弗莱克斯纳(Abraham Flexner)描述的教学、科研、社会服务三位一体的大学,形成坚持培养人才、发展科学和直接为社会服务的多重职能[②],以及 Clark Kerr 描述的现代大学不仅应体现教育和研究功能,还应体现服务机构功能的多重职能观[③]。

庞文借助 Helfat 和 Peteraft 提出的能力生命周期理论,解释了衍生能力形成、发展、成熟以及可能出现的其他阶段的动态演化过程[④]。衍生能力在大学孵化第一个企业时形成,成功的衍生经历造就了初步的组织惯例和能力形态。大学不断衍生企业的过程中,惯例和能力也会不断得到完善,使衍生能力逐渐积累,最后能力积累停止,进入成熟阶段,衍生企业踏入固有轨道,形成一种惯性产出。即使衍生能力已经成熟,许多事件也会影响能力的未来演化,使之进入灭亡、收缩、复制、更新、重新部署或重组这六种能力生命周期的额外阶段之一。

智瑞芝也依据大学的历史演变,将大学职能演变分为三个阶段:单职能阶段、双职能阶段及多职能阶段[⑤]。(1)中世纪到18世纪60年代的单职能阶

---

① Newman J H. The idea of a university [M]. Indiana: Indiana University of Notre Dame Press, 1982.
② 亚伯拉罕·弗莱克斯纳. 现代大学论[M]. 徐辉,陈晓菲,译. 杭州:浙江教育出版社,2001.
③ Kerr C. 大学的功用[M]. 陈学飞等,译. 南昌:江西教育出版社,1993.
④ 庞文. 大学衍生企业的能力:概念及其特性[J]. 科技管理研究,2013(13).
⑤ 智瑞芝. 区域创新体系下的日本大学衍生企业研究[D]. 上海:华东师范大学,2007.

段：大学以传授知识为主,为国家和社会培养符合基本价值规范要求的专业人才。虽然这个阶段有些大学也有一些科研活动,但往往是个人行为,没形成制度化的研究,因而算不上大学的职能。(2)18世纪60年代到19世纪中期的双职能阶段：德国教育部长洪堡引入"研究"的理念,认为教师只有在创造性的活动中取得研究成果才是真正的传播知识,他强调大学教学与科研相结合,从而确立了大学教学与科研并重的双职能理念。(3)19世纪中后期至今的多职能阶段：服务社会成为大学的职能之一,大学应成为集教育、科研、服务社会于一体的多功能大学。此阶段的大学不仅仅是教育机构,大学同时要承担使科技成果产生社会价值或经济价值的社会责任。大学的功能从曾经的科研成果的研发与传播延伸到了转移阶段,这意味着大学要将其创造的知识转移到经济领域,因此大学需要考虑科技成果的流通途径和模式选择问题。

中国大学衍生企业的产生与兴起,一方面是由于大学职能的演化,而另一方面是由于中国科技资源集中于大学和研究机构,企业难以进行自主技术创新和知识创造,高校与企业脱节。而大学衍生创业的方式为此提供了解决方案。杨轶波结合国内外关于大学衍生企业以及科技型企业生命周期的理论研究结果,将大学衍生企业的生命周期划分为四个阶段：种子期、初创期、发展期和成熟期[①]。其中,种子期是大学衍生企业的核心技术发明人在正式创办企业之前在大学中从事相关技术开发的阶段,未来的创业者此时大多是大学的科研人员,他们依托大学提供的场所、设备等资源开展研发活动;初创期是指从创业者获得大学技术成果开始,到正式设立企业来对其进行产业化推广的阶段,此时研究团队向创业团队转变,大学衍生企业成了法律意义上的独立企业法人;发展期指企业已经从学术领域正式跨入产业领域并开始在市场中发展,此时大学衍生企业需要针对外部环境不断调整自身战略,努力地开拓市场,逐步建立起稳固的市场地位,实现盈亏平衡,并争取多轮的风险投资;经过发展期后大学衍生企业最终进入成熟阶段,此时企业在各项资源上均达到了很高的水平,一般都建立了稳固的商业关系和市场地位,获得了持续而稳定的收入,因此在这个阶段企业需要不断地巩固自己的核心竞争力,实现可持续发展。

智瑞芝将日本大学衍生企业的发展划分为专利申请——萌芽阶段,专利许可——创立阶段,技术再开发——开发阶段,技术的市场适应——产品化阶

---

① 杨轶波.中国大学衍生的动态演化分析[D].上海：上海交通大学,2010.

段,生产销售——稳定成长阶段①。

Ndonzuau 等提出大学衍生企业四阶段模型,包括从研究中产生商业创意、把创意转变为创业计划、创办衍生企业和通过新企业创造经济价值四个方面②。Ajoy 等根据英国多家大学衍生企业的调研分析结果,提出大学衍生企业发展的非线性动态五阶段模型,强调了不同阶段间的转变和过渡③。该模型把衍生过程分为技术研发、创业机会识别、企业萌芽、企业成长和企业稳健发展五个阶段。Vanaelst 等对 Ajoy 等提出的非线性动态五阶段模型进行了调整,将技术研发和创业机会识别两个阶段合并,提出大学衍生企业产生和发展的四个阶段模型:研究成果商业化与机会筛选、创建酝酿期组织、新组织生存能力呈现和企业发展成熟④。

任浩等把大学衍生企业的发展划分为衍生阶段和企业阶段。衍生阶段和企业阶段分别带有不同的属性,前一阶段有强烈的大学组织属性,后一阶段则是强烈的市场属性⑤。

马向阳等在总结国内外研究成果的基础上,结合区域环境和文化因素对大学衍生创业的创业模式进行分类研究⑥。他们将大学衍生创业的模式分为四种:(1)分化拓展模式。该种模式下的创业者是高新技术方面的专家,他们先以员工的身份进入高校、科研机构等已存在的高新技术企业,在通过自身技术素养获得科研成果后,善于发现科研成果背后的商业价值,进而借助已有的资源建立新的企业实现创业。(2)风险资金支持模式。这种模式是指创业者利用自己拥有的科研成果或发明专利,通过商业方式吸引风险资金,最终将科技成果商业化的过程。这种模式往往集中于电子信息、生物医药、新材料能源、高科技农业等技术含量高的行业。(3)孵化器孵化模式。该模式是创业者将创业项目向孵化器单位提出申请并通过测评后,从孵化器单位获得资源支

---

① 智瑞芝. 日本大学衍生企业的形成机制及影响因素分析[J]. 现代日本经济,2010(1).
② Ndonzuau N, Pirnay F, Surlemont B. A stage model of academic spin-off creation [J]. Technovation,2002,22(5):281-289.
③ Vohora A, Wright M, Lockett A. Critical junctures in the development of university high-tech spinout companies [J]. Research Policy,2004,33(1):147-175.
④ Vanaelst I, Clarysse B, Wright M, et al. Entrepreneurial team development in academic spinouts: an examination of team heterogeneity [J]. Entrepreneurship Theory and Practice,2006,30(2):249-271.
⑤ 任浩,卞庆珍. 大学衍生企业:概念属性、创生动因与运行机制[J]. 南京社会科学,2018(06):82-88.
⑥ 马向阳,王永涛,郑春东. 中国大学衍生企业创业模式探讨[J]. 中国科技论坛,2010(12):65-69.

持的一种创业模式。这一模式下,创业者可以获得政府政策支持和孵化器提供的各种免费服务项目。但这种模式对创业者的学术背景和科研能力要求严格。(4)战略联盟模式。创业企业之间通过协议、契约形成优势互补、风险共担、资源技术共享的合作关系,从而增强创业企业在市场开拓、产品研发、技术升级、生产制造等方面的能力,提高创业的成功率。

万细梅将大学衍生创业之一的大学生创业模式分为积累演进模式、连锁复制模式、分化拓展模式、技术风险模式、模拟孵化模式和概念创新模式六种[①]。

丁瑨参考企业生命周期理论将大学衍生企业成长阶段划分为企业孕育、企业创办、企业发展三个阶段[②]。在企业孕育阶段中,相关技术发明人依托大学提供的资源进行技术研发活动;进入创办阶段,大学衍生企业成了法律意义上的独立企业法人;在企业发展阶段,企业更加关注产业领域。并从大学衍生企业和大学之间的关系入手,将大学衍生企业的成长模式分为关系维持型、关系波动型和关系渐弱型三类,并对这三种模式下的大学衍生企业在不同成长阶段与母体大学的关系强度进行了比较分析。

第三节 影响大学衍生创业的因素研究综述

一、国家与地区及高校政策研究

最早的大学衍生企业诞生于美国,而且在美国政府政策的刺激下发展迅速,比如美国硅谷、128号公路等地区的大学衍生企业迅速崛起[③]。美国的贝尔—多伊法案,被称为大学技术转移的"基本法案",它允许大学和非营利机构对用联邦基金资助的科研成果申请专利,为大学技术成果转化扫清了障碍,极大地促进了大学衍生创业的发展。日本的大学技术转移促进法在2001年提出三年内大学衍生企业数量达到1000家的目标,并且制定了一系列创业财政

---

① 万细梅,朱光喜. 中国大学生创业模式探析[J]. 青年探索,2007(1).
② 丁瑨. 关系视角下大学衍生企业成长模式研究[D]. 杭州:浙江工商大学,2017.
③ Mustar P, Wright M. Convergence or path dependency in policies to foster the creation of university spin-off firms? A comparison of France and the United Kingdom [J]. Technology Transfer, 2009 (8).

补贴和贷款担保等政策。英国的高等教育创新基金和公共事业科研开发基金鼓励校园内自由创业的氛围,奖励大学与企业的合作,帮助创业者解决大学基础研究和个人创业困难等难题。尽管美国、英国和日本等国出台的促进创业的政策取得了比较好的影响,但是,一些国家出台的促进衍生创业的政策并未起到促进衍生企业发展的目的,反而可能削弱大学学者参与技术转移活动的积极性。Sternberg 的实证研究显示,政策支持能对大学衍生企业产生积极影响的结论并没有考虑到不同的区域背景的影响[1]。区域的环境比政策支持对大学衍生企业成功的影响更大,因此初创企业支持计划必须考虑到区域环境。

Philippe Mustar 认为一国的衍生政策会对大学衍生创业活动产生影响,合理有效的衍生政策能够提高创业者参与衍生创业活动的积极性,提高衍生企业的发展动力[2]。Brent Goldfarb 则提出政府应当制定相关政策鼓励科研人员积极参与到大学衍生创业过程中[3]。

在中国,中央政府提出要建设"创新型"国家,对产业和大学创新能力的提升提出了更高要求。特别是中央政府在"十一五"规划中把产学研合作情况作为地方政府政绩考核后,各级政府推动大学科技成果转化的积极性大为增强。如上海市政府制定了知识产权入股等级办法、科技小巨人工程、《"36 条"财税优惠政策》等。这些促进大学技术转移的政策极大地刺激了衍生企业的产生,为了推动衍生企业的建立和发展、弥补企业资金缺口,政府承担了企业投资的功能。从中央到地方各级政府均提供产学研合作专项资金,或通过参股、或作为天使基金直接投入高校衍生企业。在上海交通大学科技园区内,有 3 家企业获得中央政府直接资助,16 家获得上海市政府创新基金资助,此外还有 8 家企业获得其他类型的政府扶植基金。这些政府投资对处于孵化和成长阶段、难以获得商业资助的中小衍生企业具有重要的意义。

张云逸等在研究高校衍生企业形成机制过程中,认为中国现阶段产业、大学、政府三者之间的互动作用相对较小,尽管中国已对创业孵化机构有相当的

---

[1] Sternberg R. Success factors of university-spin-offs: regional government support programs versus regional environment [J]. Technovation,2014,34(3):137-148.
[2] Mustar P, Claryssebc B, Wright M. University spin-off firms in europe: what have we learnt from ten years of experience [C]. Prime annual conference 2007, Pisa-Italy, 2007.
[3] Goldfarb B, Henrekson M. Bottom-up versus top-down policies towards the commercialization of university intellectual property [J]. Research Policy,2003,32:639-658.

投资,但政府仍需发挥行政力量通过制定政策促进产业主动和被动参与到高校研发中,促进三者的良性互动,带动高校衍生企业的发展[①]。

大学衍生企业的兴起还会受到大学的不同政策的影响。Lockett 等发现在衍生创业方面越成功的大学对于衍生企业的发展越有着明确的、具有前瞻性的战略[②]。Clarysse 等提出大学在管理衍生创业过程有三种不同的孵化策略:低选择性,即目标是创建尽可能多的衍生企业;支持性,即目标是最大化衍生企业的收入;孵化器模型,即目标是最大化其在最终离开企业时所获得的利润[③]。这些政策会导致创业企业资源和竞争力的不同。Davenport 等根据母体大学对衍生创业企业提供帮助的不同类型将大学的支持政策分为四类[④]。Degroof 和 Roberts 提出大学采取的选择性和支持性政策应该根据外部环境是否支持创业而灵活组合,对于创业环境比较弱的地方,大学应该采取高选择性和高支持性政策相结合的方式[⑤]。Lockett 和 Wright 发现大学对外部知识产权保护的花费与衍生创业企业的数量存在正向关系[⑥]。庞文等从政策原理角度提出了大学衍生企业创生及其成功的三层次影响因素模型,分别为国家技术转移政策、大学支持机制、衍生企业经营管理模式三个层次[⑦]。研究发现国家的知识产权制度、商业化政策和大学的创业政策、资源与文化能推动衍生企业创生,大学孵化机构的支持和衍生企业的经营管理模式对企业发展成功至关重要。并且不同制度层面对大学衍生企业的创建及其成功有不同效应,高层次的制度安排能为衍生企业的创生提供条件,低层次的政策和管理能促进衍生企业的成功。

[①] 张云逸,曾刚.基于三螺旋模型的高校衍生企业形成机制研究——以上海高校衍生企业为例[J].科技管理研究,2009(8):207-215.

[②] Lockett A, Wright M, Franklin S J. "Technology transfer and universities' spin-out strategies,"[J]. Small Business Economics, 2003,20(2):185-200.

[③] Clarysse B, Wright M, Lockett A, et al. Spinning out new ventures: a typology of incubation strategies from European research institutions [J]. Journal of Business Venturing, 2005,20(2):0-216.

[④] Davenport S, Carr A, Bibby D. Leveraging talent: spin-off strategy at industrial research [J]. R & D Management, 2010,32(3):241-254.

[⑤] Degroof J J, Roberts E. Overcoming weak entrepreneurial infrastructures for academic spin-Off ventures [J]. Journal of Technology Transfer, 2004,29(3-4):327-352.

[⑥] Lockett A, Wright M. Resources, capabilities, risk capital and the creation of university spin-out companies [J]. Research Policy, 2005,34(7):1043-1057.

[⑦] 庞文,丁云龙.大学衍生企业创生及其成功的政策原则[J].科研管理,2014,35(11):171-177.

二、大学内在禀赋综述

大学作为衍生企业形成和发展的依托,其自身特点对衍生创业活动具有直接的影响作用。学者们主要从大学的声誉、大学文化、创业环境及对衍生企业的支持程度等方面研究大学对衍生创业活动的影响。研究结果表明,声誉好的大学出来的创业者更易获得创业资源,并且由于其良好的声誉往往会带来良好的社会资本,从而促进创业活动的成功。Lockett 等研究发现大学技术转移机构在保护知识产权上的支出及大学技术转移机构的商业发展能力对大学衍生创业会产生积极的影响,衍生创业的成功离不开大学的支持[1]。Breznitz 等在麻省理工学院和耶鲁大学的衍生企业的实践对比中发现,麻省理工学院校园中的创业导向文化鼓励学生创造性地思考,将创新应用到实践中,构造了与产业或企业合作研究的开放环境,导致大量衍生创业的成功[2]。Rasmussen 和 Wright 从创业能力视角研究了大学的不同层面如何促进大学衍生企业的创建和发展[3]。他们将创业能力分为机会发展能力,倡导能力和资源获取能力,并详细探讨了大学的不同层面,包括大学总管理层面、技术转移组织层面、院系层面、项目组层面、个体层面、学生及校友层面对于创业需要的三个能力的影响。他们发现大学的不同层面对大学衍生企业的影响程度各不相同,大学总管理层起着更为间接的作用,而大学的低层与大学衍生企业有着更直接的相互作用。因此,较低的层面对于提升衍生企业的创业能力至关重要,但其具体作用因能力类型而异。中国学者周一杰在研究大学衍生企业初创阶段与母体的互动发展模型时,发现母体大学在技术知识、人力资源、资金、社会网络及基础设施等方面为衍生企业提供着支持[4]。人才和技术的优势积累使得大学具有孕育衍生企业的巨大潜力。易高峰等提出母体大学作为衍生企业发展的根本依托,直接影响衍生企业的发展,而目前国内从该视角分析影响衍生企业发展因素的文献并不多,因而他从多角度构建可能影响母体大学

---

[1] Lockett A, Wright M. Resources, capabilities, risk capital and the creation of university spin-out companies [J]. Research Policy, 2005, 34(7): 1043-1057.
[2] Breznitz S M, O'Shea R P, Allen T J. University commercialization strategies in the development of regional bioclusters [J]. Journal of Product Innovation Management, 2008, 25(2): 129-142.
[3] Rasmussen E, Wright M. How can universities facilitate academic spin-offs? An entrepreneurial competency perspective [J]. Journal of Technology Transfer, 2015, 40(3): 782-799.
[4] 周一杰,王柏轩. 大学衍生企业与母体的互动发展模型探析[J]. 技术经济, 2009(5): 8-11.

发展的因素,实证研究发现,R&D成果的应用及科技服务费用、大学科技成果专利授权数、科技投入总经费等因素对大学衍生企业发展产生明显的正面影响[1]。任浩等从大学的母体特征出发,研究大学衍生企业的创生动因和支撑条件,他提出大学的学科结构和研究水准是大学衍生企业兴起的必要条件,其充分条件是大学本身要有直接参与经济社会发展进程的主动性,这些条件体现了大学产生衍生企业的能力[2]。并且大学在专利转移方面的政策对大学技术转化为衍生企业有重要影响。

（一）基于资源的视角

在研究影响大学衍生创业的数量和成功的因素的文献中,大多数文献都采用了基于资源的视角,即从各个不同的角度研究大学能够赋予创业的企业的各种资源,以及这些资源在创业企业形成和发展中的作用。根据 Mustar 等的分类方法,这些资源可以分为技术性资源、人力资源、社会资源和资本资源[3]。下面我们将重点介绍大学内部能够给企业提供的技术性资源和人力资源。

1. 技术性资源

大学对 R&D 的研发投入会直接影响大学的研发能力和技术创新水平。Lockett 和 Wright 对英国大学的研究表明,大学的研发经费与其衍生创业企业的数量之间呈现显著的正向相关性[4]。

来自企业的研发经费资助,不仅同样有利于增强大学的研发和创新能力,更能够有效加强大学和外部行业之间的联系,从而促进衍生创业的发展。Powers 和 McDougall 发现企业研发收入(R&D Revenue)与衍生创业数量之间存在显著的正相关性[5]。

---

[1] 易高峰,程骄杰,赵文华. 中国大学衍生企业发展的影响因素分析[J]. 清华大学教育研究,2010(8):65-69.
[2] 任浩,卞庆珍. 大学衍生企业:概念属性、创生动因与运行机制[J]. 南京社会科学,2018(06):82-88.
[3] Mustar P, Renault M, Colombo M G, et al. Conceptualising the heterogeneity of research-based spin-offs: A multi-dimensional taxonomy [J]. Research Policy, 2006,35(2): 289-308.
[4] Lockett A, Wright M. Resources, capabilities, risk capital and the creation of university spin-out companies [J]. Research Policy, 2005,34(7): 1043-1057.
[5] Powers J B, McDougall P P. University start-up formation and technology licensing with firms that go public: a resource-based view of academic entrepreneurship [J]. Journal of Business Venturing, 2009,20(3): 291-311.

除了直接研究企业的研究经费资助对衍生企业成立的影响,还有一部分文献指出了来自企业的研发经费对于大学文化的影响。传统上,大学的教职员工对于参与商业化活动会有一定的抵触心理,但是通过参与由企业资助的研究项目,大学会更加倾向于形成有利于创业活动的氛围,从而使得教授们也会更加愿意参与商业化活动(Lee,1996;Etzkowitz et al.,1998;Mansfield's 1995)。[1]

然而需要注意的是,Di Gregorio 和 Shane 发现企业资助的研究数量对大学衍生企业的创建率没有显著的影响[2]。他们的解释是由企业资助的研究所获得的研究成果更加符合商业的要求,但这些成果也更容易被企业以授权形式进行商业化运作,而不是采取建立衍生企业的方式。

大学本身的研究能力,大学的不同学科也会在一定程度上影响大学创建衍生企业的能力。Shane 和 Stuart 用大学申请专利和授权的数量作为衡量大学技术禀赋(Technology endowment)的变量,发现技术禀赋多的大学创立的衍生企业上市的可能性更大,失败的可能性也较低[3]。O'Shea 对 141 个美国大学衍生企业的研究表明,更加倾向于生物科学、计算机和化学的大学衍生企业的创建率也较高[4]。Epure 等发现大多数有效的大学衍生企业都具有正式的技术转移协定,并且是从技术导向的大学中产生的[5]。而且衍生企业的母体大学的创新水平与经验和效率成正相关,并且与企业未来的基础盈利正向相关。

2. 大学人力资源

大学衍生创业企业与其他类型的创业企业的一个显著不同就在于其与大

---

[1] Lee Y S. "Technology transfer" and the research university: a search for the boundaries of university-industry collaboration [J]. Research Policy, 1996, 25(6): 0 – 863; Etzkowitz H. The norms of entrepreneurial science: cognitive effects of the new university-industry linkages [J]. Research Policy, 1998, 27(8): 823 – 833; Mansfield E. academic research underlying industrial innovations: sources, characteristics and financing [J]. Review of Economics & Statistics, 1995, 77(1): 55 – 65.

[2] Di Gregorio D, Shane S. Why do some universities generate more start-ups than others? [J]. Research Policy, 2003, 32(2): 209 – 227.

[3] Shane S, Stuart T. Organizational endowments and the performance of university start-ups [J]. Management Science, 2002, 48(1): 154 – 170.

[4] Chevalier A. Entrepreneurial orientation, technology transfer and spinoff performance of U. S. universities [J]. Research Policy, 2005, 34(7): 994 – 1009.

[5] Epure M, Prior D, Serarols C. Assessing technology-Based spin-offs from university support units [J]. Regional Studies, 2016, 50(3): 411 – 428.

学师资之间的联系。从人力资本的角度来说,大学教师需要在早期投入较多的人力资本要素以使自己在专门的研究领域中具备一席之地(比如具备了知识产权等),而创建公司可以让大学教师为自己的人力资本获取回报(Bercovitz 和 Feldman,2006)[1]。另外,政府资助的研究经费通常有限且数目固定,并需要与其他研究人员竞争,这使得大学的研究团队之间实际上非常像市场上的一个个公司为了有限的资源而竞争。创建公司可以获得的人力资本回报和上述研究经费、竞争的限制共同驱动着大学教师参与创业活动(Powell 和 Owen-Smith,1998)[2]。既有的文献主要从以下几个角度来分析大学的师资力量与衍生创业企业之间的联系:

一方面是大学师资的研究能力。大学教师的研究能力无疑是决定大学研究能力的关键。而衍生创业企业,作为技术商业化的一种手段,其产生的基础就在于大学研发出的新技术或新知识。

Powers 和 McDougall 使用文章引用次数等指标来衡量大学师资的研究能力,发现其显著地促进了大学的衍生创业活动[3]。

Zucker 等[4]以及 Sine、Shane 和 Gregorio[5]则发现大学的声望也可以显著促进衍生创业活动。其机制可能是一方面名校聚集了一批顶尖的学者,拥有稀缺而珍贵的知识产权,这些学者会更倾向于通过创业来获取这部分的产生。另一方面,这也是一种信号机制,名校效应可以让投资者更方便地评估大学技术的商业潜能,而发明者也更容易获取创业需要的资金。

另一方面是大学师资的商业能力。大学衍生创业本质上还是一种创业活动,最终要接受市场的考验。因此大学师资的商业能力对于衍生创业来说非

---

[1] Bercovitz J, Feldman M. Entpreprenerial universities and technology transfer: a conceptual framework for understanding knowledge-based economic development [J]. The Journal of Technology Transfer, 2006,31(1): 175-188.
[2] Powell W W, Owen-Smith J. Universities and the market for intellectual property in the life sciences [J]. Journal of Policy Analysis and Management, 2008,17(2): 253-277.
[3] Powers J B, McDougall P P. University start-up formation and technology licensing with firms that go public: a resource-based vew of academic entrepreneurship [J]. Journal of business venturing, 2005,20(3): 291-311.
[4] Zucker L G, Darby M R, Armstrong J. Geographically localized knowledge: spillovers or markets? [J]. Economic Inquiry, 1998,36(1): 65-86.
[5] Sine W D, Shane S, Gregorio D D. The halo effect and technology licensing: The influence of institutional prestige on the licensing of university inventions [J]. Management Science, 2003,49(4): 478-496.

常重要。

一部分文献研究大学师资对创业活动的认知。Etzkowitz指出,随着大学同工业联系的加强,大学的科研人员开始用创业型的视角来看待自己的研究[1]。

Owen-Smith和Powell认为大学科研人员在选择是否公开自己的研究成果来寻找商业上的合作时,他们的决定受到他们对专利保护带来的好处以及对与技术转让办公室联系时所要花费的成本的认识的影响[2]。Lockett和Wright将参与商业化活动的相关人员的营销、技术和谈判技巧作为衡量大学商业发展能力的一个维度,发现其与大学衍生创业活动之间存在显著的正向相关性[3]。另一方面,Siegel等也指出,缺乏需要的商业尤其是营销方面的技巧和专长,会对技术转让带来不利的影响[4]。

Fuller和Rothaermel发现由知名科学家创立的大学衍生企业更有可能进入IPO阶段,尤其是对于原来没有风险投资资源的和来自不知名大学的大学衍生企业特别有价值[5]。

还有一些其他影响因素,比如Bercovitz和Feldman提出的培训效果,领导力影响和同群效应也是影响学者参与技术转让过程的重要因素[6]。

(二) 基于创业教育的视角

随着全球化、知识经济的发展,大学创业教育日渐发展,且在大学衍生创业中是一个非常重要的因素,对培养大学生创业意识,提高创业能力至关重要。国内外针对创业教育问题已有诸多研究。Astebro等认为在刺激创业经

---

[1] Etzkowitz H. The norms of entrepreneurial science: cognitive effects of the new university-industry linkages [J]. Research Policy, 1998, 27(8): 823 – 833.
[2] Owen-Smith J, Powell W W, Careers and contradictions: faculty responses to the transformation of knowledge and its uses in the life sciences [J]. Research in the Sociology of Work, 2001, 10(3): 109 – 140.
[3] Lockett A, Wright M. Resources, capabilities, risk capital and the creation of university spin-out companies [J]. Research Policy, 2005, 34(5): 1043 – 1057.
[4] Siegel D S, Waldman D, Link A. Improving the effectivenessof commercial knowledge transfers from universities to firms [J]. Journal of High Technology Management Research, 2003, 14, 111 – 133.
[5] Fuller A W, Rothaermel F T. When stars shine: The effects of faculty founders on new technology ventures [J]. Strategic Entrepreneurship Journal, 2012, 6(3): 220 – 235.
[6] Bercovitz J, Feldman M. Academic entrepreneurs: social learning and participation in university technology transfer, work in progress, 2004.

济发展方面,创业课程的设计显得尤为重要①。即使在当地资源有限且大学的研发活动很少的情况下,也可以通过合理的项目设计和课程设计来刺激创业发展。游振声等探讨了美国高等学校创业教育,从社会、经济、文化的不同视角剖析美国创业教育产生的原因及创业教育的重要性和必要性;探讨了创业教育课程、教育计划和教育活动的实施途径,以及美国政府对高等学校师生创业政策的支撑②,并以伊利诺斯大学为个案分析创业教育政策保障、资金资助保障、教育质量保障的体系,进而对中国大学创业教育实施及研究型大学创业型转变提出建议和对策。

自2002年开始,在中国,高校创业教育也已走过十年,施永川等将这十年历程分为萌芽期、探索期、拓展期和成熟期四个阶段。他们认为国家应在制度设计上为创业确立基本保障,并构建创业教育生态系统;未来高校创业教育应让全体学生成为创业教育的受益群体,明确创业教育学科定位,并把创业教育与专业教育相融合,强化教育实践环节③。

美国大学创业教育对中国产学研合作具有重要借鉴作用,陶冶等以三螺旋创新模式,指出美国创业型大学的培育和发展对中国大学产学研加强合作的间接作用④。中国高校创业课程应包括基础课程、核心课程及整合型实际操作课程,从技术能力、管理技能及个人创业技能三个方面提升学生素质。政府应当作为中介服务机构,对科技成果的转化起到积极推动作用,为大学创业提供良好的环境和公共服务支持。美国斯坦福大学创业教育体系作为一个卓有成效的案例,其创业教育经验对中国创业教育具有一定的意义。李萌等分析了斯坦福大学课程体系设置、创业活动、师资队伍、国际交流、组织模式、评价体系等方面,论述了其创业教育的主要内容,指出中国应该在创业课程体系、灵活教学方法、促进高校与社会和企业关联以增进创业实践机会及利用社会资源加强创业教育师资队伍等方面多做努力⑤。

---

① Astebro T, Bazzazian N, Braguinsky S. Startups by recent university graduates and their faculty: Implications for university entrepreneurship policy [J]. Social Science Electronic Publishing, 2012, 41(4): 663-677.
② 游振声. 美国高等学校创业教育研究[D]. 重庆:西南大学,2011.
③ 施永川. 中国高校创业教育十年发展历程[J]. 中国高教研究,2013,04:69-73.
④ 陶冶. 美国的大学创业教育对中国产学研合作的启示[J]. 科技管理研究,2010,10:84-86.
⑤ 李萌. 美国斯坦福大学创业教育研究[D]. 石家庄:河北大学.2011.

三、个人因素对创业意愿的影响

关于个人因素对创业意愿的影响方面的研究,中国学者钱永红认为仅使用一些个人特质对创业行为进行预测并不能取得较好的效果,应将个人资源作为补充手段[①]。她将创业意向影响因素划分为个体特质水平和个体资源水平两个层次进行研究,发现这两方面因素对于个体创业意愿的影响具有良好的互补性。而在此基础上,金兰[②]、马占杰[③]均从个人心理特质水平因素和个人资源水平因素两方面对创业意愿影响因素进行了研究。

而基于个体心理特质视角的创业因素方面的研究,主要有三类理论成果,即Shapero和Sokol提出的创业事件理论[④]、Ajzen提出的计划行为理论[⑤]和Boyd与Vozikis提出的创业自我效能理论[⑥]。其中,创业事件理论是指当某个突发事件使个体觉得创业比其他选择更合意、更可行时,个体会提升自己的创业意向,决定创建新的经济实体。在这个理论中,影响个体创业意向的两个关键因素是感知可行性和感知合意性。计划行为理论是Ajzen基于意向理论和自我规范认知理论创立的,该理论提出个体行为是个体性格的外在表现以及特殊情境下多个因素共同作用的结果。自我效能理论认为自我效能是一种复杂的个人能力,植根于对自身竞争能力的信念,是对自己是否有能力完成某项具体任务的综合评估,并且反映个体对自己是否具备相应技能和是否能把相关技能转化为产出的自我认知。而创业自我效能是将创业与自我效能感相结合的一个新概念,它融合了内部和外部两种最接近行为和行为意向的因素,该理论非常适合用于创业研究。

而关于个人资源水平方面的研究,马占杰将其具体分为个体背景因素的影响和个体社会网络因素的影响。个体背景因素主要包括了家庭背景、受教

---

① 钱永红. 创业意向影响因素研究[J]. 浙江大学学报(人文社会科学版),2007(7):144-151.
② 金兰. 基于个体特质和资源视角的创业意向影响因素[J]. 经营管理者,2010(24):201.
③ 马占杰. 国外创业意向研究前沿探析[J]. 外国经济与管理,2010(4):9-15.
④ Shapero A, Sokol L. Social dimensions of entrepreneurship [M]. Englewood Cliffs, NJ: Prentice Hall, 1982.
⑤ Ajzen I. The theory of planned behaviour [J]. Organizational Behaviour and Human Decision Processes, 1991,50(2):179-211.
⑥ Boyd N, Vozikis G S. The influence of self-efficacy on the development of entrepreneurial intentions and actions [J]. Entrepreneurship Theory and Practice, 1994,18(1):63-77.

育背景和性别三方面因素。Hisrich 构建的社会模型是一个对创业意向预测力很强的工具[1]。Greve 和 Salaff 根据该模型发现有家庭成员或亲戚朋友从事企业经营活动的个体更倾向于自己开展商业活动,其中的一个原因就是这些人能够利用这种强关系提供的机会和筹资便利来克服创业障碍[2]。Wu 等依据计划行为理论,以中国同济大学的学生为研究对象考察了学生不同的教育背景如何影响他们的态度、外部主观规范和行为控制感,进而影响他们的创业意向。结果表明离校数年的大学毕业生创业意向明显低于在校大学生[3]。另外,不同专业的在校大学生创业意向存在显著差异,如工程专业的大学生有较高的创业意向。钱永红关于女性创业意向及行为的影响因素研究中,发现不仅仅国家政治经济环境、社会文化因素、社会对女性角色的期待等大环境因素对女性创业倾向产生影响,区别于男性个体,影响女性创业意向的两个重要个体因素是女性对性别角色的认同和对自己家庭的承诺[4]。李文博扎根于数据基础,将大学衍生企业置于创业社会网络中,从团队创业认知、创业资源整合、创业网络嵌入和集群创业情景四个方面研究影响大学衍生创业行为的因素[5]。

吴启运等将江苏省的某高校学生作为样本,研究创业环境对个体创业倾向的影响,通过实证研究得出,政策的完善、家庭的鼓励和帮助及教育对创业的鼓励对高校学生的创业倾向存在正相关性[6]。因而,从创业环境的角度,应该加强、完善这三方面来提高大学生创业倾向。研究发现,当外界环境不支持创业者时,创业者发现获得成长的需要非常困难,可能会对创业失去兴趣,继而减弱了创业意愿。

王满四等构造了个人特质、创业态度、创业能力三方面的内部因素和支持因素、环境因素、学习经历三方面的外部因素相结合的六因素模型,对广州地

---

[1] Hisrich R D. Entrepreneurship/intrapreneurship [J]. American Psychologist,1990,45(2):209.
[2] Stuart T E, Sorenson O. Social networks and entrepreneurship [J]. Entrepreneurship Theory & Practice,2003,28(1):1-22.
[3] Wu S-Z, Wu L-F. The impact of higher education on entrepreneurial intentions of university students in China [J]. Journal of Small Business and Enterprise Development,2008,15(4):752-774.
[4] 马占杰. 国外创业意向研究前沿探析[J]. 外国经济与管理,2010(4):9-15.
[5] 李文博. 集群情景下大学衍生企业创业行为的关键影响因素——基于扎根理论的探索性研究[J]. 科学学研究,2013(1):92-103.
[6] 吴启运,张红. 创业环境对大学生创业倾向影响的实证研究[J]. 黑龙江高教研究,2008(11):129-131.

区的大学生创业意愿进行实证分析,得出个人特质是影响创业意愿的最重要的因素,外界的支持,如家人的支持、政府政策优惠和扶持等对创业成功起到举足轻重的作用①。

李雯在研究学术型企业家对大学衍生企业绩效的影响机理过程中,提出学术型企业家作为企业核心技术的发明者是大学衍生企业创新机会的最初来源,在大学衍生企业发展过程中有着举足轻重的影响②。同时,作者基于全国"211工程"大学的衍生企业的数据进行实证研究,得出学术型创业家的创业行为对大学衍生企业的绩效表现具有显著的积极贡献作用。

王招治等基于资源基础观,认为高校企业家天生从高校继承了战略资源,影响着企业的产生与发展。他从衍生企业家能力与绩效等相关理论视角,对三家高校公司进行案例对比分析,验证了高校衍生企业的企业家能力和资源对企业绩效的取得具有重大的影响③。

杨德林等根据前人的研究成果,将影响衍生企业的创立活动的因素分为三个层面④。从宏观上考虑,主要包括当地的宏观创业环境、经济和科技政策、地理区域内的可利用资源等。当地的宏观创业环境主要包括风险资本、政府政策支持、大学或科研机构或产业集群等方面的因素。从微观上考虑,主要包括参与大学衍生企业创立的创立者,如大学教师、学生等。他们自身积累的社会网络资本、学术能力、转化科技成果的激情等因素影响着大学衍生企业的创立。介于两者之间的是学校这一层次,大学作为衍生创业的主体之一,与衍生创业活动关系密切,与参与衍生创业活动的个人相比,大学掌握着更多的资源,对衍生创业活动产生更大的影响。

Hesse从高校企业家的大学生涯视角分析高校企业家对于大学衍生企业的未来发展的影响⑤。作者认为高校企业家在大学的地位、拥有的人力资源情

---

① 王满四,李楚英.基于6因素模型的大学生创业意愿影响因素分析——来自广州的调查[J].广州大学学报,2011(2):90-95.
② 李雯,夏清华.学术型企业家对大学衍生企业绩效的影响机理——基于全国"211工程"大学衍生企业的实证研究[J].科学学研究,2012(2):284-293.
③ 王招治,苏晓华.高校衍生企业的企业家能力、资源基础与企业绩效[J].科技进步与对策,2011(5):147-151.
④ 杨德林,汪青云,孟祥青.中国研究型大学衍生企业活动影响因素分析[J].科学学研究,2007(3):511-517.
⑤ Hesse N. Career paths of academic entrepreneurs and university spin-off growth. in Baptista R, Leitao J, eds., entrepreneurship, human capital, and regional development [M]. Springer International Publishing, 2015:29-57.

况和对自身角色的定位是影响大学衍生企业成长的三个重要因素。研究结果表明高校企业家自身的地位在衍生企业初创时期尤为重要,但更多的人力资本和更高的地位不一定有利于长期的大学衍生企业成长,高校企业家的规划和成长意愿发挥了更大的作用。在大学的不同地位各有优势和劣势,为了弥补劣势,应组建具有互补技能和大学地位的创业团队。

Ozaralli 等通过对美国和土耳其的调查对比提出社会因素以及人格因素与创业意愿存在显著关系[①]。其中,社会因素包括社会经历和教育、社会文化背景、对经济和政治环境的感知,他们在调查中发现,提供充足的职位选择或过于不利的政治经济条件都不利于创业意愿的产生,而父母的榜样、个人的经历是影响创业意愿的重要因素。在人格因素方面,乐观、创新、冒险倾向和创业意愿高度相关。此外,创业课程对于两国学生创业意愿的培养结果并不一致,而接触其他文化、参与多样化的体验和艺术活动被认为是促进创造性思维的活动。

四、大学衍生企业社会资源综述

社会资源主要指创业企业的社交网络、社会资本等(Elfring 和 Hulsink,2003)[②]。这部分研究主要集中在研究衍生创业企业同大学和其他外部机构之间的联系对创业企业的影响[③]。

社会资本最早由法国学者 Jacobs(1961)在《美国大城市的生与死》一书中提出,再经学者们的深化拓展,现在已经成为新兴经济社会学的重要研究范畴。在大学衍生企业的讨论中,社会资本主要指创业者的社会关系网络和新创的大学衍生企业与相关机构之间的社会关系网络。大学衍生企业创办之初,信用基础和商业经验的缺乏使得企业获取启动资金成为一大困难。而大学尤其是研究型大学拥有丰富的社会关系网络资源,即社会资本丰富,衍生企业通常能通过母体大学自身的社会信誉和认同来帮助企业获得产业界或风险

---

① Ozaralli N, Rivenburgh N K. Entrepreneurial intention: antecedents to entrepreneurial behavior in the U.S.A. and Turkey [J]. Journal of Global Entrepreneurship Research, 2016, 6(1): 3.
② Elfring T, Hulsink W. Networks in entrepreneurship: The case of high-technology firms [J]. Small Business Economics, 2003, 21(4): 409–422.
③ Kenney M, Goe W R. The role of social embeddedness in professorial entrepreneurship: a comparison of electrical engineering and computer science at UC Berkeley and Stanford [J]. Research Policy, 2004(33): 691–707.

投资的资助。母体大学可在一定的风险范围内为衍生企业提供信用担保,为初创的大学衍生企业在融资、贸易等方面提供帮助。由此可见,社会资本已嵌入到社会关系网络中,成为衍生企业创业过程中不可缺少的重要支持力量,在大学衍生企业创建之初,社会资本不仅能有效减少信息搜索成本和交易成本,而且能为生成和积累其他资本形态提供支持。例如,Johansson 等认为大学与其衍生企业之间的网络是由一些数量不多,但十分牢固的关系组成,这些关系以信任和非正式为特点,是转让复杂知识和降低成本的关键所在[1]。Nicolaou 和 Birely 认为创业企业在机构外、院系内、各院系之间的网络是决定创业企业结构的重要因素,同时学者的社交网络也对学者是否会选择创业起到重要的作用[2]。Rappert 等认为衍生创业企业同大学之间存在诸多联系,这些联系可以使得企业及时了解研究进展,并且可以从大学得到帮助。这些联系可以通过合同、文献和招聘三个渠道来维持[3]。

Hagedoorn 将创业网络的嵌入分为两类:一类是结构型嵌入,即从大学衍生企业在创业网络中的位置入手描述特定的行为和过程,涉及创业网络的结构、形成、演化、模式、机制等网络属性;另一类是关系型嵌入,即从大学衍生企业与大学、竞争者和中介机构等活性节点之间的社会性关系入手描述特定的行为和过程,基于创业网络的密度、强度、规模、对称性等网络属性[4]。李文博研究了集群情景下大学衍生企业创业行为的影响因素,他从团队创业认知、创业资源整合、创业网络嵌入和集群创业情景四个范畴建立了模型。通过对中国长三角地区大学衍生企业的实证研究,发现大学衍生企业从诞生起,就自然与母体大学形成了以 R&D 为支撑的创业网络,而随着大学衍生企业的持续成长,创业网络也日益扩大,关系复杂[5]。他更是在前人的研究基础上,提出创

---

[1] Johansson M, Jacob M, Hellstrom T. The strength of strong ties: university spin-offs and the significance of historical relations [J]. The Journal of Technology Transfer, 2005, 30(3): 271-286.
[2] Nicolaou N, Birley S. Academic networks in a trichotomous categorisation of university spinouts [J]. Journal of Business Venturing, 2003a, 18(3): 333-359.; Nicolaou N, Birley S. Social Networks in Organizational Emergence: The University Spinout Phenomenon [J]. Management Science, 2003b, 49(12): 1702-1725.
[3] Rappert B, Webster A, Charles D. Making sense of diversity and reluctance: academic-industrial relations and intellectual property [J]. Research Policy, 1999, 28(8): 873-890.
[4] Hagedoorn J. Understanding the cross-level embeddedness of inter firm partnership formation [J]. Academy of Management Review, 2006, 31(3): 670-680.
[5] 李文博. 集群情景下大学衍生企业创业行为的关键影响因素——基于扎根理论的探索性研究[J]. 科学学研究, 2013(1): 92-103.

业网络嵌入影响创业行为的路径有四种：结构嵌入导致创业行为、关系嵌入导致创业行为、网络治理导致创业行为和网络学习带来创业行为。

Larson 运用社会嵌入理论，将创业者放在现实的社会与经济网络环境中进行考察，避免创业者个人特征模型及其他一些模型的局限性，突出网络内部关系在创业行为方面的影响[1]。中国学者宝贡敏等从关系网络的视角，以创业者所在的外部环境为导向，以创业相关关系网络为分析工具，研究了以创业过程为轴线，围绕创业机会、信息、资源等要素获取等创业过程中，关系网络与创业活动之间的互动机制[2]。

Wigand 等提出大学衍生企业的产业网络是网络内上下游企业之间，与政府、大学、科研机构之间合作关系的集合，大学衍生企业同其他利益相关体是一种共生存的关系[3]。张承龙等从大学衍生企业的产业网络嵌入视角，结合国外学者对网络嵌入维度的测量方法，选取了母体大学的关系嵌入、上下游企业的关系嵌入、其他科研组织的关系嵌入及政府关系嵌入四个维度，通过实证分析产业网络如何对大学衍生企业创业导向产生影响，从而对企业绩效产生积极推动作用[4]。研究发现，大学衍生企业同母体大学之间的合作，能够提升知识溢出速度，提升企业自身知识的创造能力。

Soetanto 和 Van Geenhuizen 提出社会关系网络规模、密度、强度和复杂性这四个网络特征都体现了社会资本的潜在价值，与大学衍生企业吸引创新资金的能力密切相关[5]。在大学衍生企业发展初期，这四个特征与吸引资金的能力呈现正相关关系，但由于更高水平的社会关系网络需要越来越多的时间和精力来维护，当网络中的关系达到特定的水平或强度时，收益可能会减少。因此作者认为社会关系网络的各项特征都存在一个最佳点，使得大学衍生企业通过与网络中的联系人互动获得最大收益。

---

[1] Larson A, Starr J A. A network model of organization formation [J]. Entrepreneurship: Theory and Practice, 1993,17(2): 5 – 15.
[2] 宝贡敏,余红剑. 关系网络与创业互动机制研究[J]. 研究与发展管理,2005,17(3): 46 – 51.
[3] Wigand R, Pocot A, Reichwald R. Information, organization and management [M]. Chichester: John Wiley and Sons Ltd. ,1997: 108 – 109.
[4] 张承龙,夏清华. 基于产业网络嵌入视角的大学衍生企业创业导向与绩效关系的实证分析[J]. 商业经济与管理,2012,250(8): 25 – 33.
[5] Soetanto D, Van Geenhuizen M. Getting the right balance: University networks' influence on spin-offs' attraction of funding for innovation [J]. Technovation, 2015,36 – 37: 26 – 38.

第四节 产学研合作模式

一、产学研合作的定义

对于产学合作的定义,Michael D. S 将产学合作定义为产业与大学的合作[1]。Cohen 等则将产学合作创新定义为公共研究与产业研发的合作,公共研究包括大学研究和研究机构的研究[2]。Kazuyuki Motohashi 称之为学产合作,并且认为"学"包括了日本政府资助的研究机构[3]。Alexander Kaufmann 等则将产学研究中的"学"具体化为科学,研究对象为科学—产业间的合作[4]。Eva M. Mora-Valentin 则将产学研究一般化为企业和研究组织之间的合作行为[5]。由此可以看出,国外尚未对产学研究形成统一的定义,但更多的学者偏向于将产学研究解释为大学和产业的结合,体现利润主体的企业与学术研究机构的合作关系。

国内对产学研的合作研究开始于 20 世纪 90 年代。"产"主要指产业,"学"主要指大学或学院,"研"主要指研究机构或研究所。郭晓川认为产学研合作创新就是指大学或研究机构与企业利用彼此的优势资源分工协作完成一项技术创新的行为[6]。徐烨彪等将产学研定义为社会经济机构中的企业、大学或研究所在目标一致的前提下,按某种机制形成合作研发的关系,通过知识的传递、消化、转移及生产等一系列复杂的过程创造某个企业或产业中核心竞争

---

[1] Santoro M D, Chakrabarti A K. Firm size and technology centrality in industry-university interactions [J]. Research policy, 2002, 31(7): 1163-1180.
[2] Cohen L R, Sanyal P. R&D choice in restructured industries: In-house v/s collaborative research in the US electricity industry [J]. SSRN Electronic Journal, 2004.
[3] Motohashi K. University-industry collaborations in Japan: the role of new technology-based firms in transforming the national innovation system [J]. Research Policy, 2005, 34(5): 583-594.
[4] Kaufmann A, Todtling F. Systems of innovation in traditional industrial regions: the case of styria in a comparative perspective [J]. Regional Studies, 2000, 34(1): 29-40.
[5] Mora-Valentin E M, Montoro-Sanchez A, Guerras-Martin L A. Determining factors in the success of R&D cooperative agreements between firms and research organizations [J]. Research Policy, 2004, 33(1): 17-40.
[6] 郭晓川. 大学-企业合作技术创新行为的实证研究[D]. 上海: 复旦大学, 1998.

力的过程①。叶伟巍结合上述两者的观点,将产学研合作创新定义为大学和企业双方重新组合和配置自己的创新要素,为构建新的生产函数,以某种机制或规则进行结合,形成了合作创新关系的复杂过程②。

二、产学研合作的动机

关于产学研合作的动机,国外学者 Hall 等认为产学研合作动机主要存在于两方面:获取互补性的研究成果和拥有大学资源的重要科研人员③。Veugelers 和 Cassiman 认为动机主要来源于企业与大学之间的能力差异、减少交易费用和独占知识技术的可能性三方面④。Belderbos 等认为企业通过与大学的合作,能够获得共性技术和新技术,并且企业能利用外部的科学技术知识增强企业的知识工作者对科学技术知识的理解,促进企业的技术发展⑤。Belkhodja 和 Landry 则将大学与企业合作的动机分为以下几类:获取额外的研究经费、获取有利于教学的实践知识、为学生创造良好的实习和就业机会、完成大学的科研目标和任务等⑥。

三、产学研合作方式

产学研合作方式方面,OECD(经济合作与发展组织)提出了 7 种产学研合作方式:一般研究联盟、非正式合作、契约研究、技术转移、政府补助合作研究计划、合作联盟、合作研究中心⑦。Wright 和 Clarysse 提出了经典的 5 种产学

---

① 徐烨彪,徐凤菊.浅谈知识创新与"产学研"合作[J].科技创业月刊,2004(7):11-12.
② 叶伟巍.产学合作创新机理与政策研究——以浙江省为例[D].杭州:浙江大学,2009.
③ Hall B H, Link A N, Scott J T, Universities as research partners [J]. NBER Working Paper No. 7643,2000.
④ Veugelers R, Cassiman B. R&D cooperation between firms and universities. Some empirical evidence from Belgian manufacturing [J]. International Journal of Industrial Organization, 2005,23 (5-6):355-379.
⑤ Belderbos R, Carree M, Diederen B, Lokshin B. Heterogeneity in R&D cooperation strategies [J]. Review of Industrial Organization,2004,22(8):1237-1263.
⑥ Belkhodja O, Landry R. The triple helix collaboration: why do researchers collaborate with industry and the government? What are the factors influencing the perceived barriers? [J]. Scientometrics, 2007,70(2):301-332.
⑦ OECD. Science, Technology and Industry Outlook 1998 [R]. OECD,1998.

联盟模式:衍生企业、合作研究、技术许可、咨询及人力资源流动[①]。郭斌对产学联盟进行了分类,并将政府引导的产学联盟具体分为:联合技术攻关、共建工程技术中心及大学科技园等几种[②]。刘军等将产学联盟模式分为政府引导的产学联盟和市场引导的产学研战略联盟两个类型,前者强调政府的引导作用,而后者强调市场的自发调节作用[③]。王雪原将产学合作按照主体的数量划分为点对点式学研、点对链式学研和网络式学研模式[④]。季佳玉则认为产学研合作模式按主体对象的不同可划分为政府倡导模式、联合分工模式、内置融合模式;按照地区间分工的不同可划分为单地区内机构合作和跨地区间机构合作[⑤]。李宁按照交易费用理论,将产学研模式分为三种类型:内部化模式、外部化模式和半内部化模式[⑥]。内部化模式是从产权角度出发,将产学合作创新活动归入组织内部,主要包括校及研究所办科技产业、产学研共建企业和企业集团等;外部化模式指产学合作各方通过市场机制进行技术交易,属于外部市场交易行为;而半内部化模式则是介于内部化和外部化模式两者之间的一种特殊模式,以合作各方不存在产权纽带却共存于一个松散式的组织中为主要特征,产学为实现产学研创新而合作,这种模式主要包括:一体化模式、高科技园模式、共用模式、中心模式、工程模式、无形学院模式和战略联盟模式等。刘嘉楠等在知识距离和体制距离二维分析框架的基础上,将产学研合作模式分为临近性合作,跨知识合作,跨体制合作以及双异质合作四个类型,并通过对北京地区产学研合作网络的分析揭示不同合作模式的构成特点和演化特征[⑦]。武洋将产学研合作模式分为校内产学研合作、校企联合合作、多主体联合合作、中介协调合作四种模式[⑧]。其中中介协调合作模式是另外三种模式的优化,并对该模式进行了授权博弈分析,从而提出产学研合作模式的优化建议。

---

① Wright M, Locket Y T, Clarysse B, Binks M. University spin-out companies and venture capital[J]. Research Policy, 2006, 35(4): 481-501.
② 郭斌. 知识经济下产学合作的模式机制与绩效评价[M]. 北京: 科学出版社, 2007.
③ 刘军, 徐丰伟. 产业技术创新视角下产学研战略联盟模式选择[J]. 中国高校科技与产业化, 2010(10): 37-39.
④ 王雪原. 中国产学研联盟模式与机制研究[D]. 哈尔滨: 哈尔滨理工大学, 2006.
⑤ 季佳玉. 产学研合作的模式与机制研究[D]. 大连: 大连理工大学, 2008.
⑥ 李宁. 企业-大学联盟动机和模式研究[D]. 石家庄: 河北科技大学, 2011.
⑦ 刘嘉楠, 张一帆, 孙玉涛, 刘凤朝. 推进中国创新体系建设的重要途径选择——产学研合作网络演化特征及连接模式[J]. 价格理论与实践, 2018(12): 69-72.
⑧ 武洋. 基于授权博弈的中介协调型产学研合作模式研究[J]. 科学管理研究, 2018, 36(01): 13-16.

总结来看,中国对于产学研合作方式的研究较多,但所站角度不同,具体的分类也有所不同。

四、三螺旋模式[①]

知识经济时代的到来使高校、产业和政府合作、融合的互动越来越频繁,三者的共同作用推动了中国大学衍生企业的蓬勃发展。在这一背景下,20世纪90年代诞生的三螺旋理论为中国大学衍生创业的发展提供了新的研究思路。

1997年Etzkowitz首次提出三螺旋模型,解释了大学、企业、政府三者在知识经济时代的新型关系[②]。随后Leydesdoff对此概念进行了拓展并提出了该模型的理论系统。Nakwa[③]、Sunitiyoso[④]等学者提出三螺旋中间机制的发展能够强化政府、产业、大学三者的三螺旋关系。劳埃特·雷达斯多夫(Lauet Leydesdof)和马丁·迈耶尔(Martin Meyer)认为除结构关系动力模型外,三种选择环境的作用能够促使三螺旋创新模型发挥动力作用,并且指出模型中的知识生产功能将与政府引导、市场交换结合,形成区域创新的复杂进化动力系统[⑤]。

三螺旋模型就是利用一个螺旋型模型描述了知识商品化不同阶段,不同创新机构之间的互相作用的关系。而大学、企业和政府在形成三螺旋关系的过程中需经历不断循环的四个步骤,才能确保三螺旋模型的良性发展。

第一阶段是大学、企业、政府三者各自自身职能的发展和延伸。大学开始承担知识创造和技术应用的任务,企业开始忙于开展研发活动,政府则进入风

---

① 张云逸,曾刚. 基于三螺旋模型的高校衍生企业形成机制研究——以上海高校衍生企业为例[J]. 科技管理研究,2009(8):207-215.
② Etzkowitz H, Leydesdorff L A. Universities and the global knowledge economy: a triple helix of university-industry-government relations [M]. Springer New York, 2001.
③ Nakwa K, Zawdie G, Patarapong Intarakumnerd, Role of intermediaries in accelerating the transformation of inter-firm networks into triple helix networks: a case study of SME-based industries in Thailand [J]. Procedia-Social and Behavioral Sciences, 2012,52:52-61.
④ Nakwa K, Zawdie G. Patarapong Intarakumnerd, Role of intermediaries in accelerating the transformation of inter-firm networks into triple helix networks: a case study of SME-based industries in Thailand [J]. Procedia-Social and Behavioral Sciences, 2012,52:52-61.
⑤ 劳埃特·雷迭斯多夫,马丁·迈耶尔. 三螺旋模式与知识经济[J]. 周春彦,译. 东北大学学报(社会科学版),2010,12(1):11-17.

险投资领域。

第二阶段是大学、企业、政府三者之间相互影响，角色互换的阶段。例如，大学借助孵化器产生企业，企业通过自身的自主研发活动拥有教育和科研机构的身份，政府通过风险投资活动成了风险投资商。

第三阶段是指大学、企业、政府三者通过相互作用产生重叠的组织和网络。即综合三方共同的需求、目标，通过跨领域的沟通和联系刺激组织的创造性和区域的内聚性。

第四个阶段则指大学、企业、政府形成一个三螺旋整体，与外部环境相互作用，对社会产生影响。例如：大学内部的进步在影响自身、企业和政府的同时推广和支持了政府政策，改变了三者在大的社会环境中的关系。

正是这样一种三螺旋模型的作用，推动着大学衍生创业活动的进行。大学、企业、政府三者在大学衍生创业过程中，角色和功能相互交叉和转变，推动着大学衍生创业机制的形成，三者缺一不可。大学拥有众多的专利、技术、人才和知识，为大学衍生创业活动提供良好的基础。由于现代大学功能的扩展，大学作为技术转移中心，推动着技术成果产业化的进行。同时，为了推动衍生创业活动，许多大学发挥着行政指导职能，制定宽松的政策鼓励创业，提供免费的学校公共资源等服务，推动着学校资源走向社会。产业作为市场的代表，主要对衍生创业起到了三方面的推动作用：一是为衍生创业活动提供了资金保证，特别是风险投资发挥着重要的作用；二是为衍生创业活动提供了专业的孵化和中介服务，市场提供了专利申请保护、风险投资机构和银行、人事管理及咨询、资产评估、律师、会计和技术中介等专业的服务机构；三是企业参与到高校技术项目的研发过程中，提供技术需求和技术市场指导。政府通过制定相关有利于衍生创业发展的政策法规促进衍生创业活动的发展，同时通过直接投资的形式参与到创业活动中。正是通过这样一种良性的三螺旋创新提升机制，大学、产业和政府之间相互影响、相互作用，推动着大学衍生创业活动的进行，同时带动区域的经济发展。

Sarpong 等讨论了发展中国家的创新模式如何从国家主导模式或放任自由模式向三螺旋创新模式转变[①]。作者结合马来西亚的案例具体阐述了发展

---

① Sarpong D, Abdrazak A, Alexander E, et al. Organizing practices of university, industry and government that facilitate (or impede) the transition to a hybrid triple helix model of innovation [J]. Technological Forecasting and Social Change, 2017,123: 142 – 152.

中国家的创新模式向三螺旋转变的过程：(1)引入三螺旋创新模式；(2)引起以创新制度领域的具体活动、合作方式为代表的国家创新战略的变化；(3)重新定义产业—政府—大学的关系；(3)对产业、政府和大学的文化价值观、经验和活动进行整合，从而支持创新和合作，从根本上改变国家的创新文化；(5)将政府、产业和大学三个机构的组织理论变为有效的实践；(6)政府、产业和大学三个机构的新组织实践最终促进整个国家的创新体系过渡到三螺旋创新模式。

国内学者在该方面的研究也颇多，方卫华将三螺旋模型首次引入中国，重点研究了三螺旋模型对公共创新政策方面的创新意义[①]。随着对该模型的深入研究，周春彦对三螺旋模型的理论内涵和运行机理进行了深入分析，从中国传统阴阳系统思想出发，创新地提出了大学、公众、政府组成的可持续发展的三螺旋模型，推动了创新三螺旋的动力机制研究，解决了是否存在第四螺旋的问题[②]。邹波等研究了区域创新三螺旋的组织结构和运行机制之间的相互作用，发现两者之间的协同演化促进了系统内外部环境的相互调适，从而促进了创新绩效的提高[③]。蔡翔等分析了创新三螺旋的基本理论内涵，指出三螺旋理论适应了知识经济时代的发展趋势，三螺旋理论的"知识的多价性本质"决定了不同创新主体在知识经济中的多重作用，三螺旋理论为大学、政府及产业三者间的发展提供了理论基础[④]。在该理论下，中国政府将最终实现角色转换，中国大学的"创业"功能也将愈发深刻。陈红喜从三螺旋理论出发分析了大学、产业、政府三者之间的互动关系，提出"组建研发实体"等模式是政产学研更高水平的合作模式[⑤]。为更好地实现产业技术创新，必须加强政府的参与、协同和投入。张云逸等以上海的大学衍生企业为例，以三螺旋模型为分析框架，指出大学衍生企业作为创业型大学的主要创业方式，是大学、政府、产业互动作用的产物[⑥]。裘凤英深入阐述了三螺旋的基本原理，并以华东地

---

① 方卫华. 创新研究的三螺旋模型：概念、结构和公共政策含义[J]. 自然辩证法研究,2003,19(11)：69-72.
② 周春彦,[美]亨利·埃茨科威兹. 双三螺旋：创新与可持续发展[J]. 东北大学学报(社会科学版),2006,8(3)：170-174.
③ 邹波,于渤. 试论三螺旋创新模式[J]. 黑龙江社会科学,2010,122(5)：35-38.
④ 蔡翔,王文平,李远远. 三螺旋创新理论的主要贡献、待解决问题及对中国的启示[J]. 技术经济与管理研究,2010(1)：26-29.
⑤ 陈红喜. 基于三螺旋理论的政产学研合作模式与机制研究[J]. 科技进步与对策,2009,26(24)：6-8.
⑥ 张云逸,曾刚. 基于三螺旋模型的高校衍生企业形成机制研究——以上海高校衍生企业为例[J]. 科技管理研究,2009(8)：207-215.

区125家大学衍生企业作为样本,构建了大学衍生企业创新绩效和区域创新能力之间关系的评价模型,分析了企业资源和企业家自身能力对大学衍生企业绩效存在的影响,及其与区域创新能力之间的关系,对三螺旋模型下各创新主体该如何发挥作用促进区域创新能力进行了探讨①。李小丽在研究三螺旋模式影响大学技术转移组织的行为中发现,理想的三螺旋模式是大学推动式、企业驱动式和政府拉动式的统一,三种模式各有形成的先决条件且互为补充②。而且政府不仅仅起到宏观调控作用,还肩负大学技术转移组织的政策推动和引导风险投资等责任;大学的职责除了培养人才、从事科学研究工作以外,还包括为大学技术转移组织提供知识创新的成果,加强与企业的合作和提供技术转移的专业指导;企业除了正常的市场活动外,还包括以准学术的方式参与大学的知识创新活动。陈桂香认为三螺旋理论模型揭示了大学、企业、政府紧密且交叉的联系,其中协同育人是高校、政府、企业三者共同的目标,也是三方的联结点③。共同的价值追求的实现需要三方不断扩大彼此的联系界面,因而功能也出现了交叉和重叠。三螺旋系统的动力运行路径包括横向资源整合和纵向分化演进,两者共同推动协同育人系统呈螺旋上升态势。在此基础上,作者提出了对构建高校-企业-政府三螺旋育人模式的建议。

第五节 关于大学衍生创业的实证综述

一、影响大学衍生企业产生的因素方面的实证研究

李文博采用扎根理论对复杂的样本资料进行情景脉络处理,提炼出集群情境下,影响大学衍生企业创业行为的因素④。样本主要选取了长三角区域知

---

① 裘凤英.基于三螺旋理论的大学衍生企业创新绩效与区域创新能力的关系研究——以华东地区为例[D].上海:华东理工大学,2013.
② 李小丽.三螺旋模式下大学专利技术转移组织构建的理论框架分析[J].自然辩证法通讯,2016,38(01):116-124.
③ 陈桂香.高校、政府、企业联动耦合的创新创业型人才培养机制形成分析——基于三螺旋理论视角[J].大学教育科学,2015(01):42-47.
④ 李文博.集群情景下大学衍生企业创业行为的关键影响因素——基于扎根理论的探索性研究[J].科学学研究,2013(1):92-103.

名高校的衍生企业,如:浙大网新、上海高清、复旦张江、浙大中控、南大光电等。基于扎根理论,对案例进行分析,最终建立认知(cognition)/资源(recourse)→嵌入(embedded)/情景(context),简称为 CREC 的创业行为影响因素模型。

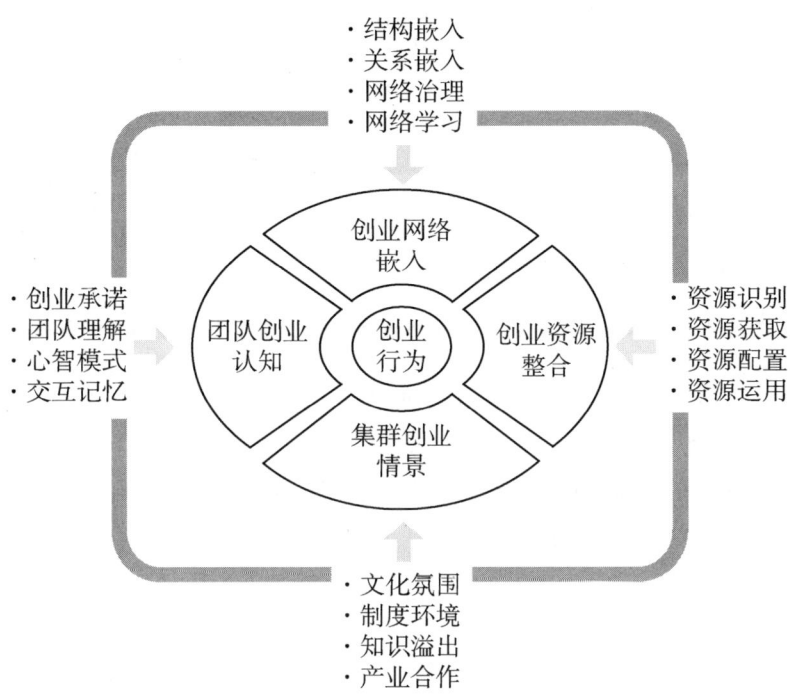

图 2-1 创业行为影响因素模型

易朝辉等从学术型创业者资源支持的角度,通过实际数据对学术型创业者资源支持、创业导向和衍生企业绩效三者之间的关系进行了实证检验,结果发现学术型创业者资源支持和创业导向都与创业绩效存在正相关的关系,而且创业导向在两者之间起到一个中介的作用[①]。即学术型创业者获得资源支持越多,创业导向带来的企业绩效越高。(见图 2-2)

同样的,李雯通过对全国 112 所"211 工程"大学的 650 家衍生企业进行问卷调查,对获取的数据运用结构方程模型,分析在学术环境和产业环境两个变

---

① 易朝辉,夏清华. 创业导向与大学衍生企业绩效关系研究——基于学术性创业者资源支持的视角[J]. 科学学研究,2011,29(5):735-743.

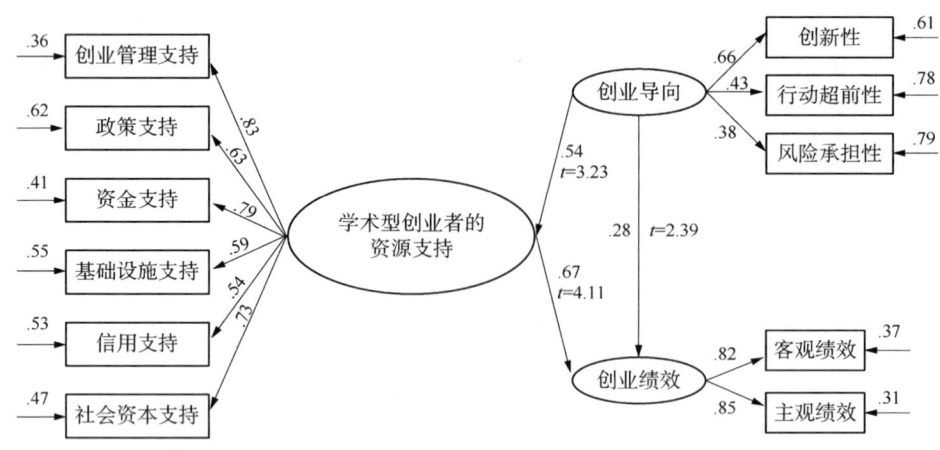

图 2-2　学术型创业者资源支持、创业导向和大学衍生企业绩效关系模型

量影响下,学术型企业家的创业驱动机制对大学衍生企业绩效的影响[①]。研究发现,学术环境和产业环境所提供的支持要素有效地促进了学术创业活动,产业利益相关者和区域基础环境的支持是学术型企业家创业的关键驱动因素。其作用机制如图 2-3 所示。

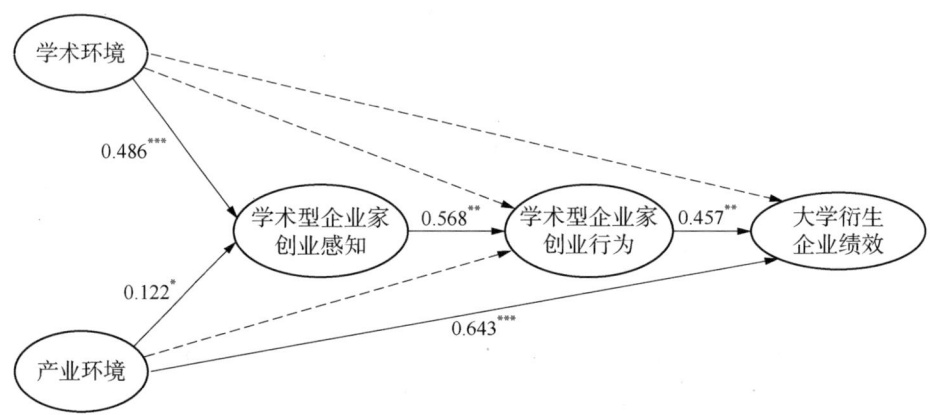

图 2-3　学术型企业家的创业驱动机制及其对大学衍生企业绩效的影响(N=361)

注: * $p<0.05$, * * $p<0.01$, * * * $p<0.001$

---

① 李雯,夏清华. 学术型企业家对大学衍生企业绩效的影响机理——基于全国"211 工程"大学衍生企业的实证研究[J]. 科学学研究,2012(2):284-293.

李昱则利用 Timmons 的创业管理模型,对大学衍生企业成长过程中机会、资源、团队三项核心要素之间的互动机制进行了简要分析①。Timmons 的创业管理模型如图 2-4 所示。

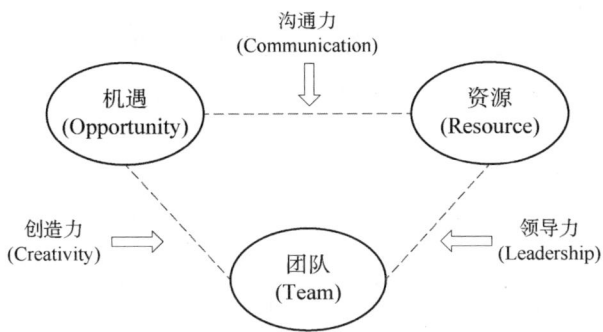

资料来源:Timmons J A. New Venture Creation [M]. McGraw-Hill,1999.

图 2-4 创业管理模型

李雯等基于知识溢出型创业理论,根据大学知识的溢出流向区分大学衍生企业和产业衍生企业②。作者提出创业机会特性与企业创建模式匹配的研究思路,并探索了母体大学、技术发明人、区域创业环境等驱动要素对衍生企业创建模式选择的调节效应。对 322 家衍生企业的调研数据进行了实证分

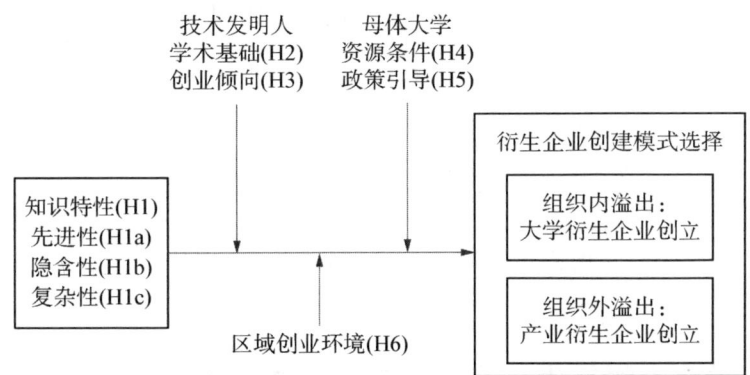

图 2-5 基于大学知识溢出的衍生企业创建机制模型

---

① 李昱.大学衍生企业成长中的核心要素浅析——基于创业研究的视角[J].科技管理研究,2005,10:106-108.
② 李雯,解佳龙,詹婷婷.大学知识溢出驱动的衍生企业创建:模式选择与作用机制[J].技术经济,2017,36(03):89-97.

析,发现先进性高、隐含性高的知识更倾向于以大学衍生企业创建的方式实现其经济价值;母体大学的政策引导和区域创业环境有效调节知识特性对衍生企业创建模式选择的作用机制。

Mathisen 和 Rasmussen 在总结相关文献的基础上开发了一个概念框架,将影响大学衍生企业发展、成长与绩效表现的主要决定因素分为个人和团队层面、企业层面、制度和生态系统层面三个方面[①]。他们发现,原始研究团队与大学衍生企业的整合程度越高,隐性知识的转移就越有效,这可以促进产品开发和市场引入成功;大学衍生企业追求长期的高潜力、新兴市场应用与短期创收之间平衡,部署强调技术开发的策略比仅强调探索更有可能取得成功。

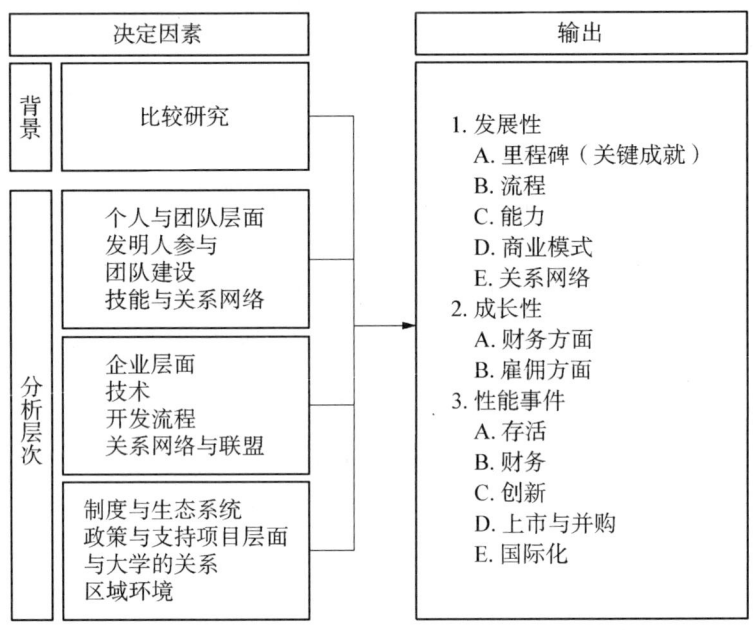

图 2-6　USO DGP 文献的详细概念模型

二、关于大学衍生企业产生与发展过程的实证研究

Roberts 和 Malonet 指出衍生企业的参与主体分别为:技术产业者、创业

---

① Mathisen M T, Rasmussen E. The development, growth, and performance of university spin-offs: a critical review [J]. The Journal of Technology Transfer, 2019,44(6):1-48.

家、R&D组织和风险投资者[①]。并且,据衍生企业的衍生过程将衍生企业归纳为以下五种模型:

		模式一	模式二	模式三	模式四	模式五
基本因素	技术推动	√	√	√		
	需求拉引		√	√	√	√
主要团体	技术生产者	√			√	√
	创业者	√			√	
	R&D组织	√	√			√
	风险投资者	√	√			
	创业型技术生产者(技术生产者+创业家)		√	√		
	内部创业投资者(R&D组织+风险投资者)			√	√	
	创业投资联盟(创业者+风险投资者)					√
	实际范例	麻省理工学院	麻省理工学院、哈佛大学	波士顿大学、通用电气、柯达、施乐	ARCH Linux、微软学生合作伙伴项目(Microsoft Student Partners)	麻省理工学院、哈佛大学

图2-7 Roberts和Malonet的衍生模型

Ajoy等在调查分析英国等国的大学衍生企业的基础上,提出了大学衍生企业发展的动态非线性五阶段模型,该模型强调不同阶段之间的转折和过渡[②]。五个阶段分别为技术研发、创业机会识别、企业萌芽、企业成长和企业稳定发展,而每两个阶段之间存在机会识别、创业承诺、信誉门槛和持续性门槛这四个转折点,这也是创业风险集中点和企业成长的拐点,只有克服每阶段的风险才能顺利进入下一个阶段。

---

① Roberts E B, Malonet D E. Policies and structures for spinning off new companies form research and development organizations [J]. R&D Management,1996,(1):17-48.
② Vohora A, Mike Wright, Lockett A. Critical junctures in the development of university high-tech spinout companies [J]. Research Policy,2004,33(1):147-175.

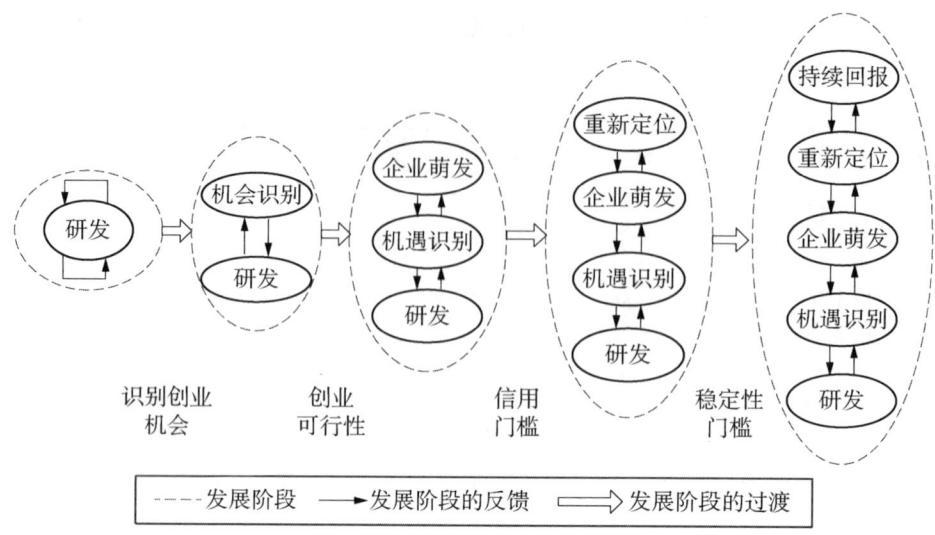

图 2-8 大学衍生企业非线性动态五阶段模型

中国学者乔俊杰等则根据 Ajay 的大学衍生企业发展的非线性动态五阶段模型,从资源的视角出发研究了中国的大学和衍生企业之间的活动发展机制模型,认为衍生企业与大学在衍生过程中是一种双赢的关系[①]。

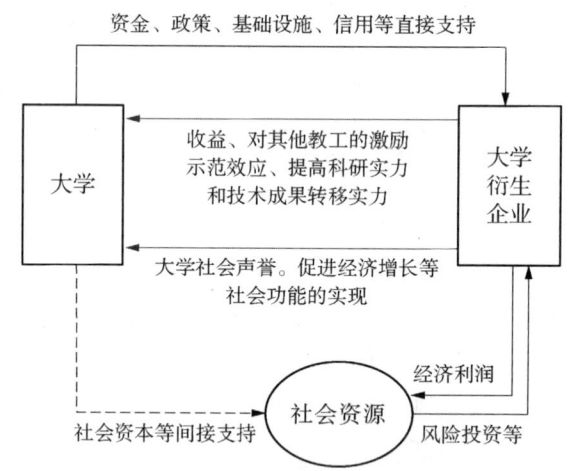

图 2-9 衍生企业和大学的互动发展模型示意图

---

① 乔俊杰,闫科.大学衍生企业的资源需求与实现:基于衍生阶段模型的分析[J].中南民族大学学报,2008,28(4):129-132.

同样，周一杰等也基于衍生企业与母体互动的发展理论，建立了大学衍生企业与母体互动发展模型，研究了大学衍生企业在初创及成长过程中母体大学对其提供的支持与帮助和大学衍生企业对母体发展产生的促进作用，并且通过中地数码集团这一案例对模型进行了验证①。

冯玲等将理论和案例相结合，分析了新企业衍生过程中不同要素之间的协作关系，给出了以母体组织的技术为基础的衍生企业形成的阶段模型（见图2-10）②。并且，通过对56个学术型衍生企业样本和49个商业性衍生企业样本的研究发现，中国学术型衍生企业创业者的动力来源主要是个人抱负、成就感和价值感，而商业型衍生企业创业者的动力机制可能更多表现为创业者的

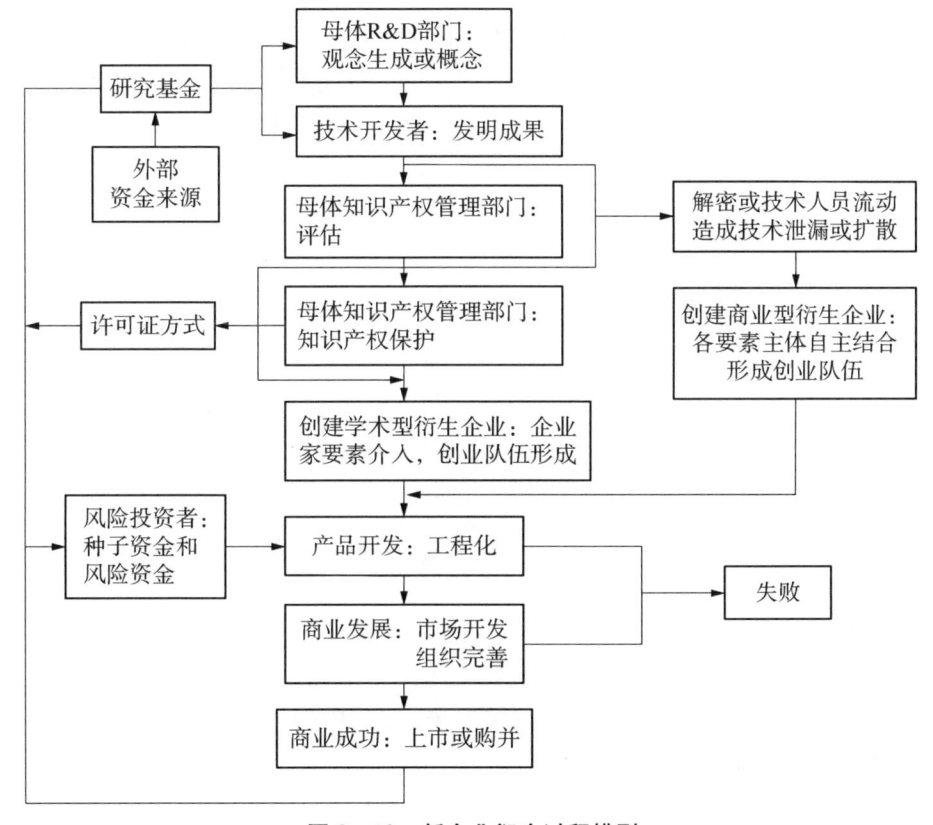

图2-10 新企业衍生过程模型

---

① 周一杰，王柏轩.大学衍生企业与母体的互动发展模型探析[J].技术经济，2009(5)：8-11.
② 冯玲，陈林奋.中国高技术成果商品化过程中新企业衍生的微观机制研究[J].科研管理，2001，22(2)：46-54.

创业动机,即受到商业价值的驱动。最后,冯玲等还在抽样调查的基础上,总结出中国学术型企业衍生过程要素组合的五种基本模式。

张云逸等基于三螺旋模型理论,通过对上海八大高校科技园中衍生企业的实证研究得到中国高校衍生企业形成动力系统图,得出以知识转化为基础的高校衍生企业的形成必须依靠政府、产业和大学的三者有效互动的结论①。

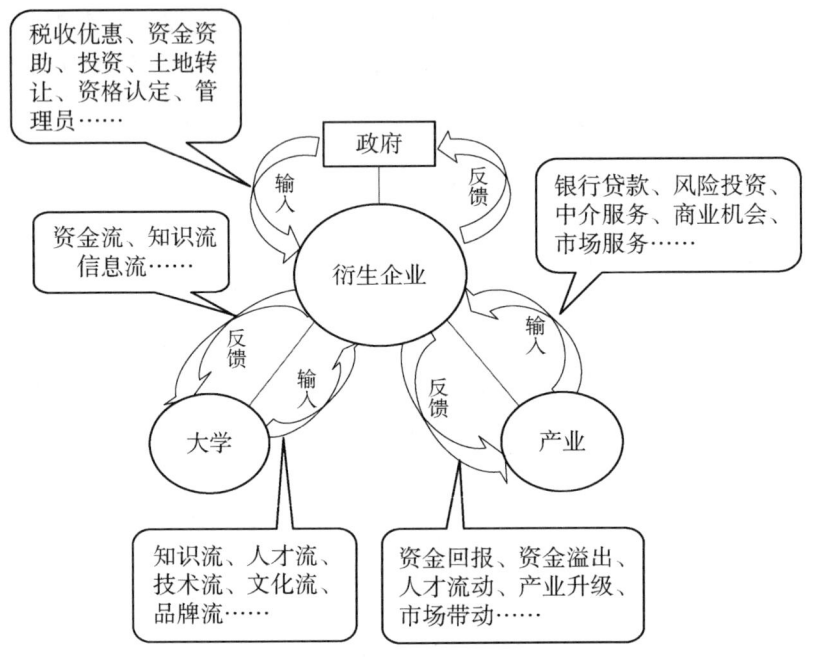

图 2-11　高校衍生企业形成的动力系统图

李华晶等也是利用了三螺旋模型中的三个维度来描述衍生企业中的知识创新体系,对北大方正、同方股份、东软集团三个案例进行分析,发现大学衍生企业母体组织的科研实力和政府在知识创新体系中的影响力直接对衍生企业的产生和持续发展产生影响②。

---

① 张云逸,曾刚. 基于三螺旋模型的高校衍生企业形成机制研究——以上海高校衍生企业为例[J]. 科技管理研究,2009(8):207-215.
② 李华晶,王睿. 知识创新系统对中国大学衍生企业的影响[J]. 科技管理研究,2011,29(1):114-120.

Hesse 和 Sternberg 的研究反映出大学衍生企业成长路径的异质性,并考虑了企业发展进化的观点①。作者根据大学衍生企业创始人的发展意愿和能力,将大学衍生企业的成长类型分为有意愿有能力型、无意愿有能力型、有意愿无能力型和无意愿无能力型四个基础类型,并在此基础上进一步细分为 8 类。但作者认为企业类型并不固定,某些内部和外部事件可能导致类型的变化。作者结合 Garnsey② 和 Stam③ 的成长阶段概念,根据对汉诺威和哥廷根两地的大学衍生企业的定性调查,分析不同类型的大学衍生企业的成长路径差异和可能出现的成长类型的变化④。

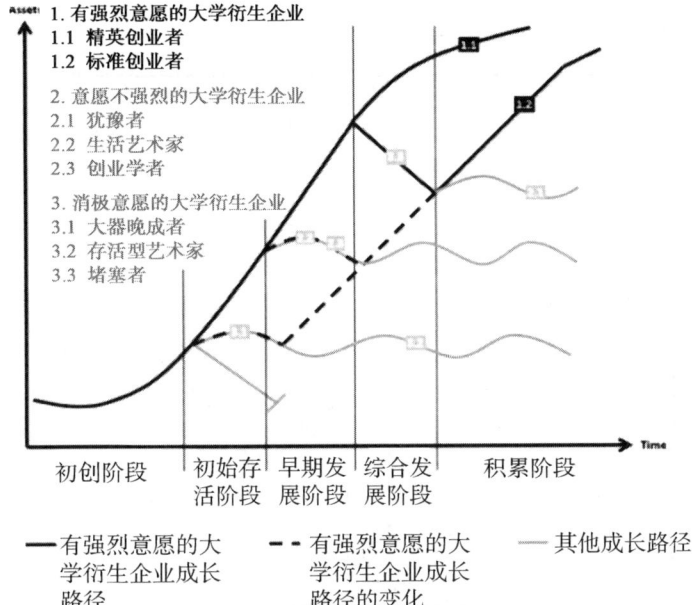

---

① Hesse N, Sternberg R. Alternative growth patterns of university spin-offs: why so many remain small? [J]. International Entrepreneurship and Management Journal, 2017, 13(3): 953 – 984.
② Smith G H L. Proximity and complexity in the emergence of high technology industry: The oxbridge comparison [J]. Geoforum, 1998, 29(4): 433 – 450.
③ Stam E. Why Butterflies Don't Leave: Locational Behavior of Entrepreneurial Firms [J]. Economic Geography, 2007, 83(1): 27 – 50.
④ Braukmann U, Fischedick M, Lindfeld C R. Zur programmatischen Neuausrichtung der Gründungs- und Innovationsförderung aus Universitäten und Forschungseinrichtungen mittels CEODD und SCTGIZ [M]// Armutat S, Seisreiner A, eds. Differentielles Management. Springer Fachmedien Wiesbaden, 2012.

52 / 大学衍生创业的影响机制与政策研究

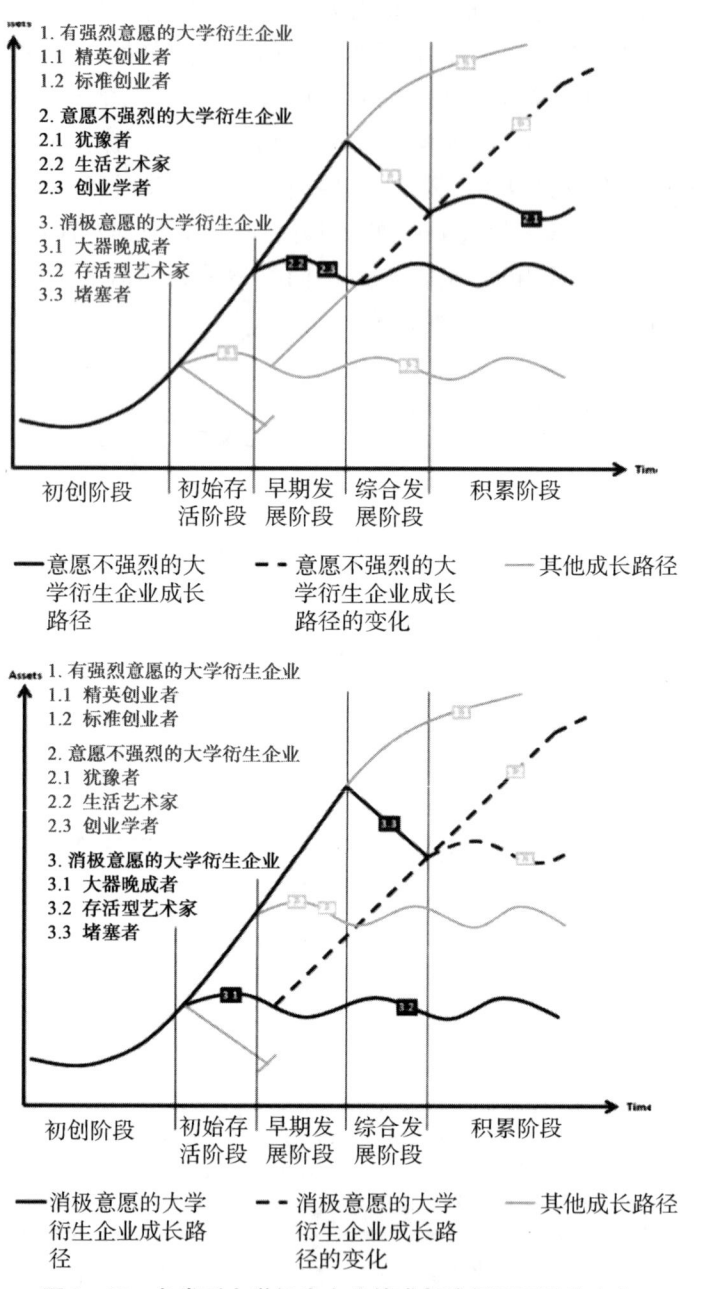

图 2-12 各类型大学衍生企业的成长路径及可能的变化

第三章 基于价值链理论的大学衍生创业研究框架

第一节 价值链理论概况及阐释

价值链理论(value chain)是近些年被引入大学衍生创业研究中的理论范式,它能够以价值为导向,有效剖析大学衍生企业运行的内在机理和外部机制,探索企业动态线性发展过程,因此逐渐被相关学者关注和运用。

价值链理论最初是 Michael E. Porter 就企业战略管理过程中如何创造和提高竞争优势而提出的。每一个企业实质上是一系列活动的集合,如原料采购、生产和产品销售,这些活动因以价值为核心从而被称为价值活动,各项价值活动不是孤立的,它们相互依存,形成一条价值链。企业的价值活动又可分为基本活动和辅助活动两大类。价值链理论的出现引发了广泛的关注和思考,后续的其他学者也基于不同视角来分析企业各类基本活动和辅助活动的开展,解释企业价值链的构建,从而不断丰富了企业价值链内容。

一、企业资源视角(物质、技术、人力、外部关系)

资源基础理论认为企业竞争优势建立在企业有价值的、稀缺的、难以模仿并不可替代的资源基础之上,只要是投入到生产过程中的所有要素都是资源[1],企业实质上是一系列独特的资源的组合。可见企业价值链的各环节是资源组合并相互作用的体现,同一资源会以不同的重要性存在于不同阶段的价

---

[1] Grant R M. The resource-based theory of competitive advantage: implications for strategy formulation [J]. California Management Review, 1991, 33(3): 114 – 135.

值活动之中，不同资源会以不同的成分比例构成同一价值活动，不同的企业的资源异质且相互隔离因而战略发展方向不同，并生成不同的价值链。一般可将企业资源划分成物质资源、技术资源、人力资源和外部关系资源四大类。其中人力资本反映了由团队和个体成员给企业带来的价值[1]，社会资本是指依靠社会关系获得的资源，是嵌入社会网络之中的、主体可为其利益而接触到并使用的资源。进入21世纪，知识经济时代下企业发展不仅需要常规的四类资源，知识资源这一特殊资源在价值链的各项活动中也占有越来越重要的地位。随着信息技术的发展，信息资源作为一种外显知识[2]也进入研究者的视角。知识不断地进行转化发展，可以为企业等组织带来持续而且强有力的竞争力[3]。

相关的企业各类资源在价值创造过程中效用发挥的研究参见表3-1。

表3-1 价值链理论的文献梳理

作者	观点
Michael E. Porter[1]	将内部后勤中的原材料入库归为基本价值创造活动 将采购机器设备、实验设备、办公设备和建筑物等物资设为辅助价值创造活动 将技术开发和人力资源管理视为影响企业整个创造价值的辅助活动
Kogut[2]	价值链基本上就是技术与原料和劳动融合在一起形成各种投入环节的过程，然后通过组装把这些环节结合起来形成最终商品
Peter Hines[3]	将价值链重新定义为"集成物料价值的运输线"，并将原材料纳入传统价值链中
Dyer、Reeves[4]	在对组织绩效进行测量的方法研究中发现人力资源实践是影响企业各项价值活动的根本基础，即对于雇员产出，组织产出，财务会计产出和市场产出影响较大
Becker、Huselid[5]	人力资源价值链模型中人力资源管理系统不仅会影响企业初期的盈利创造，还会推动企业发展后期的盈利增长和市场价值的提高
Gereffi、Korzeniewicz[6]	商品链中任何一个节点的集合都包括投入（原材料和半成品等）组织和劳动力供应

---

[1] Mustar P, Renault M, Colombo M G, Piva E, et al. Conceptualising the heterogeneity of research-based spin-offs: A multi-dimensional taxonomy [J]. Research Policy. 2006,35: 289-308.
[2] Kogut B, Zander U. Knowledge of the firm, combinative capabilities, and the replication of technology [J]. Organization Science, 1992(3): 383-397.
[3] 竹内弘高,野中郁次郎. 知识创造的螺旋[M]. 李萌. 北京：知识产权出版社,2006.

续表

作者	观　点
Shane、Stuart[7]	创业者的社会资本在企业创立初期具有决定性作用
Clark Lee[8]	知识资源是构成价值链体系的重要元素,企业的生产经营活动形成多条与物质价值链共同作用的平行或交叉的知识价值链
Hoopes、postrel[9]	公司内部创造、传播和运用知识的能力很大程度上决定了企业开发、维护和培育竞争优势的能力
Jefferey F. Rayport、John J. Sviokla[10]	将信息纳入价值链体系并开发"虚拟价值链"信息世界与物质世界的价值创造与提取共同推动企业的发展,企业可在三个阶段利用信息增加价值:(1)可见性阶段,企业利用信息更有效地"看见"物质运作能力和效果;(2)反映能力阶段,企业用虚拟活动代替实质活动,开始构造虚拟的价值链;(3)价值创造阶段,企业利用信息技术建立新型顾客关系,管理人员利用虚拟价值链的信息量,用新的方式向顾客提供价值

资料来源:[1]迈克尔·波特(Michael Porter). 竞争优势[M]. 北京:华夏出版社,1997.
　　[2]Kogut B. Designing global strategies: comparative and competitive value-added chains [J]. Sloan Management Review, 1985,26(4): 15–28.
　　[3]Hines P, Rich N, Bicheno J, Brunt D, Taylor D, Butterworth C, Sullivan J. Value stream management [M]. International Journal of Logistics Management. 1998,9(1): 25–42.
　　[4]Dyer L, Reeves T. Human resource strategies and firm performance: what do we know and where do we need to go? [J]. International Journal of Human Resource Management. 1995,6(3): 656–670.
　　[5]Huselid M A, Becker B E. The impact high performance work systems, implementation effectiveness, and alignment with strategy on shareholder wealth [J]. Academy of Management Best Papers Proceedings. 1997: 144–148.
　　[6]Gereffi G, Korzeniewicz M. Commodity chains and global capitalism [M]. London: Praeger, 1994.
　　[7]Shane S, Stuart T. Organizational endowments and the performance of university start-ups [J]. Management Science. 2002,48(1): 154–170.
　　[8]Lee C C, Yang J. Knowledge Value Chain [J]. Management Development, 2000: 783.
　　[9]Hoopes D G, Postrel S. Shared knowledge, "glitches", and product development performance [J]. Strategic Management Journal, 1999,20(9): 837–865.
　　[10]Rayport J F, Sviokla J J. Exploiting the virtual value chain [J]. Harvard Business Review, 1995: 75–99.

二、企业能力视角

企业资源理论的缺陷之一是其过多地强调了企业内部资源的重要性,而忽略了外部环境变化造成的影响,而企业作为一类社会实体,它的产生和存续总是处于一定的政治、经济、社会和技术环境之下的。正是环境的差异才导致不同国家、不同时间的企业有不同的演化历程。动态发展的政治、经济、社会和技术等企业外部环境与有限稀缺的企业内部资源这两大难题,决定了大学衍生企业只有根据外部环境的改变,对内部资源进行合理安排并且不断地获取外部资源,才能实现企业的生存和发展。企业的这种能力被称为动态能力,这是企业创造和维持竞争优势的关键所在[1]。企业能力影响组织流程和惯例,这些流程惯例以及它们提供的竞争机会明显地受制于企业拥有的各种有限资源,并对价值链的变化产生影响,所以反过来探寻企业能力的动态变化过程,有利于打开企业运行成长的"黑箱",了解所有价值创造活动开展的内在机理。

本节相关的企业能力在价值创造过程中效用发挥的研究参见表3-2。

表3-2　　　　　　　　企业能力在价值创造过程中的效用

作者	观点	能力	阶段
Lansiti、West[1]	为实现研发创新的总价值,必须将研发的新技术转化成产品并迅速进入市场	市场化能力	企业衍生初创阶段
Timmons、Spinelli[2]	无效的管理是很多高科技企业,尤其是大学衍生企业失败的主要原因	管理能力	企业发展阶段
Rothaermel Frank T.、Thursby Marie[3]	企业吸收能力是技术转化成商业成果阶段的关键因素	吸收能力	技术商业化阶段
Winer[4]	企业发展过程中的能力划分为三个阶次,分别为零阶能力,一阶能力和二阶能力		企业发展全过程
赵振宇、刘曦子[5]	企业初创期要重视静态资源能力,这是企业得以生存的基本要素和企业运营的基石;企业发展初期要努力提高组织能力,包括人事管理能力、融投资能力、生产运营能力和业务拓展能力等;企业发展中期,反应能力尤为重要,包括人事管理反应能力、融投资反应能力和业务管理反应能力等;	静态资源能力;组织能力;反应能力;适应性能力	企业初创阶段;企业发展初期;企业发展中期;企业成熟阶段

---

[1] Teece D J, Pisano G, Shuen A. Dynamic capabilities and strategic management [J]. Strategic Management Journal. 1997,18(7): 509-533.

续表

作者	观点	能力	阶段
Prahalad、Hamel[6]	最后在企业成熟阶段,以环境为导向的适应性能力是企业实现战略调整和更新资源的基础 企业整合各种生产技能、协调不同的技术手段的能力是企业成功的根本战略		

资料来源:[1] Lansiti M, West J. Technology integration: Turning great research into great products [M]. Boston MA: Harvard Business School Press, 1997: 11.

[2] Timmons J A, Spinelli S. New venture creation: entrepreneurship for the 21st Century [M]. New York, NK: McGraw-Hill Companies, 2006: 356.

[3] Rothaermel F T, Thursby M. University-incubator firm knowledge flows: assessing their impact on incubator firm performance [J]. Research Policy, 2005, 34(3): 305-320.

[4] Winer S G. Understanding dynamic capabilities [J]. Strategic Management Journal, 2003, 24(10): 991-996.

[5] 赵振宇, 刘曦子. 企业四阶动态能力的层级建构及其模型 [J]. 华北电力大学学报(社会科学版), 2014(06).

[6] Prahalad C K, Hamel G. The core competence of the corporation [J]. Harvard Business Review, 1990, 68(3): 79-91.

三、社会关系网络视角

企业价值创造的全过程虽然以线性方式一步步推进,但是价值链的每个阶段和环节之间并不是只有单一的联系,波特早在传统价值链中就有所指明,企业各项基本活动和辅助活动不只是简单的链式结构,而是在不同的时间进行不同程度的有效互动,所有参与主体利用各类资源在整个社会关系网络中进行复杂运作。从社会关系网络的视角探索企业价值形成过程,梳理企业内部既独立又相互联系的多个价值活动,可进一步深化价值链理论,从而增强价值链理论对于现实企业运作的解释力度。另外,社会关系网络并非一直处于静止状态,价值链上每个具体环节都有相应的局部社会关系网络与之配合,随着价值链的深入,社会关系网络也会产生微妙或者深刻的变化,加强对企业社会关系网络的监督和管理,是优化企业价值链,实现更大程度的价值创造的手段。

从社会关系网络视角探索企业价值创造过程的研究参见表3-3。

表 3-3　　　　　　　社会关系网络视角的企业价值创造

作者	观　点
Michael E. Porter[1]	各项价值活动并不是孤立的,它们相互依存而形成一条价值链。这条价值链的各个环节相互联系相互影响
Gereffi、Korzeniewicz[2]	通过一系列国际网络将围绕某一商品或产品而发生关系的诸多家庭作坊、企业和政府等紧密地联系到世界经济体系中;任一商品链的具体加工流程或部件一般表现为通过网络关系连接在一起的节点或一些节点的集合
Andrews、Hahn[3]	价值网的特点即创造传统价值链所涉范围之外的全方位的联系
Brandenburger、Nalebuff[4]	价值网络管理能使价值网络成员在现实中交换关键的信息与知识,并为共同的利益一起努力,以达到理想的效果

资料来源:[1]迈克尔·波特(Michael Porter).竞争优势[M].北京:华夏出版社,1997.

[2]Gereffi G, Korzeniewicz M. Commodity chains and global capitalism [M]. London: Praeger, 1994.

[3]Andrews P P, Hahn J. Transforming supply chains into value webs [J]. Strategy & Leadership. 1998,26(3):6.

[4]Brandenburger A, Nalebuff B. Co-opetition [M]. New York: Doubleday, 1996.

第二节　基于价值链的大学衍生创业研究

当今世界,企业的运作过程本质是价值创造的过程,不管是与上下游关联的企业进行的业务联系,或是企业内部不同业务单元的分工与合作都存在着价值链联结。在经济活动中,价值链是无所不在且有巨大影响的。价值链上的每一项价值活动都会对企业最终能够实现多大的价值造成很大的影响。又由于经济和技术具有相对独立性,企业的价值增加过程可分为既相互独立又相互联系的多个价值活动,价值活动是企业所从事的物质上和技术上的各项活动,每个公司独特的价值链正是由这些价值活动构成。不同企业的价值活动划分与构成不同,构建的价值链也有所不同。大学衍生企业在价值创造、提高和输出方面虽然与一般企业有不少类似之处,但是基于大学衍生的特质,大学衍生企业的价值增加过程也呈现出其独特性。分解大学衍生企业活动,考虑这些单个的活动本身及其相互之间的关系,进行价值链研究,运用价值链分析法这一种寻求确定企业竞争优势的工具,有助于我们深入考察影响大学衍生企业形成、成长和成熟的各种独特性驱动因素及各因素的影响程度,了解和掌握大学衍生企业在不同成长阶段的资源供给、能力体现和竞争优势。控制价值链上有战略意义的关键环节,充分权衡其中的利弊,以总结出最佳价值链结构,为中国大学衍生企业提供一种行之有效的发展范式。就发展脉络和价值创造过程而言,大学衍生企业与一般企业既有共性,也存在着一定的差异。虽然就具体研究视角而言,基于价值链的大学衍生创业研究与一般企业价值链研究没有太多变化,但是在每一阶段,大学衍生创业在价值创造过程中的表现却不一而足。

一、大学衍生企业资源视角

由于大学衍生企业在资源禀赋方面和一般的科技型企业有着巨大的差别,因此在外部环境基本不变的情况下,从资源基础观(RBV)的视角入手讨论大学衍生企业相比一般科技型企业的竞争优势会更加有效,目前讨论大学衍生企业的文献中也以资源基础理论为主流。Eisenharht 和 Martin 指出资源基础理论可以用来研究大学与企业之间的知识传递,例如创业型科学家、企业家等人力资源可以将科研创新资源用来组建新企业[1]。大学衍生企业在发展的不同时期对于不同资源有着不同的需求。

我们认为商业创意是企业创立的源头,在企业价值链的最初始阶段企业以商业创意的形式存在,大学衍生企业作为一种特殊的企业形式当然也不例外。围绕商业创意,创业者运用必备资源努力将创意付诸实践,以期形成有效的创业项目,在这个过程中,各种资源、能力和关系网络都必须紧密配合,才能成功验证商业创意的可行性。创业初期以技术为代表的物质资源是企业成功实现商业种子发芽的关键因素,当然由于大学衍生企业的发展最初依托于大学,商业创意也可能是源于大学科研过程中提供的某项新技术、新工艺,所以将技术资源打造成企业运营的竞争优势对于当前许多科技型大学衍生企业而言并非难事。正如杨轶波所述,在科研项目的牵引下企业种子期才得以顺利进行,而且大学衍生企业种子期强调研究者个人或者研究团队从事基础研究或应用基础研究的知识资本[2]。以上海高清为例,该企业跨越种子期向初创期

---

[1] Eisenharht K M, Martin J A. Dynamic capabilities: what are they? [J]. Strategic Management Journal, 2000, 21(10): 1105 – 1121.
[2] 杨轶波. 中国大学衍生的动态演化分析[D]. 上海: 上海交通大学, 2010.

跃迁的关键结合点是获得核心技术资产,所以核心技术在技术研发阶段和种子期至关重要。当然由于技术往往与知识、信息紧密结合在一起,大学衍生企业的商业创意萌发阶段也相应注重对知识和信息资源的索取,杨隽萍将这种知识资本归结为研究者个人或者研究团队从事基础研究或应用基础研究的知识资本,不过大学衍生企业独特的组织特性使其在构建组织学习和知识管理方面比一般企业有显著优势[①]。需要明确的是,具备技术资源只是企业初创阶段这一环节的必备要求,这个环节还必须以其他条件做补充方能有效运作。

将企业最初的商业创意投于实施从而顺利形成创业项目是大学衍生企业价值链的第二个重要阶段。在执行创业项目期间,包括场地、设备和研究经费在内的资源支持尤为重要,没有一系列必要资源的支撑,创业项目将难以开展,更不可能实现所谓的高端价值。马飞等国内学者就曾提出强烈的知识创新特征决定了创业项目需要以研究经费、场所和科技人员的智力及技能作为核心投入要素[②]。在当今这个以知识和网络为基础的社会,正如 Youtie 和 Shapira 所言,大学的角色已从过去的知识仓库、知识工厂转变为现在的"知识中心",成为推动地区乃至一国经济发展和技术创新的关键网络节点[③]。当前诸多大学衍生企业以大学作为衍生的孵化基地,很大程度就是因为在大学政策的指导下,大学可以为创业者提供一系列必要的专业设备、丰富的材料、廉价的场地和研发费用等物质资源,甚至还能为提高创业者的创业能力开展一系列专业的知识技能培训和创业交流活动,这些资源对于项目执行阶段的创业者而言意义重大。创业初期,创业者一直处于各类资本的投入状态,尤其是大学生创业者实力薄弱,资源来源单一,项目实施过程中稍有闪失,某个环节的资源供应出现短缺就会造成企业整条价值链的断裂,其价值创造活动也难以为继,所以大学衍生创业者需要依靠大学作为企业的孵化摇篮。不过对于衍生创业项目执行阶段,其他学者还强调了其他资源的重要性,如杨轶波认为除了持续创新以增加企业知识资本的存量以外,此时的大学衍生企业还应该重视研究成果产业化过程中需要的丰富的知识资本[④]。李昱则强调创业初期,

---

[①] 杨隽萍,蔡莉. 基于智力资本视角的科技型大学衍生公司特征研究[J]. 税务与经济. 2007,3:22-29.
[②] 马飞,苗淑娟,薛丽娜. 基于生命周期的高科技型中小企业融资特征[J]. 经济纵横,2006,7:71-73.
[③] Youtie J, Shapira P. Building an innovation hub: a case study of the transformation of university roles in regional technological and economic development [J]. Research Policy, 2008,37(8):1188-1204.
[④] 杨轶波. 中国大学衍生的动态演化分析[D]. 上海:上海交通大学,2010.

即本研究所指的创业项目执行阶段,社会关系资本不足成为制约大学衍生企业发展的软肋①。Vohora 等人认为创业者的社会资本在企业初创期发挥着巨大作用②。

无论是商业创意还是创业项目都是为了正式创立衍生企业,衍生企业作为一个实体机构真实存在,是大学衍生企业价值链上实现价值创造从而获得投资回报的关键节点。在这个关键节点上,企业的成长效果对于提供的资源提出了更加具体化和差异化的要求,例如衍生企业实现进一步发展需要更加严苛的资金支持。如上文所述,早期大学衍生企业主要依赖于母体学校和政府提供的创业基金以及创业者自身的资金进行项目研发,从而推动企业价值链的向前延伸,从某种程度上说这种资金支持力度是有限而微弱的。但是衍生企业一旦正式创立,小规模的创业资金已经无法满足企业的发展要求,大笔资金能否顺利供给成为企业能否继续运营的关键因素。不少相关研究者都注意到了这个问题,Hellmann 和 Puri 强调了在企业创立过程中,充足的资金起到非常重要的作用③;Vohora 等人指出缺乏资金将导致大学衍生企业无法进入成熟发展阶段④;Heirman 和 Clarysse 发现大部分发展迅速的大学衍生企业在实际运营过程中都出现过递增的负现金流,这证明了资金筹集途径与规模会对大学衍生企业的发展产生深远影响⑤。创业者需要开拓新的融资途径,寻求风险投资机构等多种投资主体,以期满足企业运营过程中的大笔资金需求。Shane 和 Stuart 也明确了这一点,资金不足是大学衍生企业发展的主要制约因素,获取外部资金将有利于大学衍生企业的发展⑥。另外,大学衍生企业在正式创立之后,其拥有的人力资源也开始发挥重要效用,所以这个阶段衍生企业对于人力的要求也相应提高。人力是每个企业作为一个组织运营的重要组

---

① 李昱. 大学衍生企业成长中的核心要素浅析——基于创业研究的视角[J]. 科学治理研究,2005,10:106-108.
② Vohora A, Wright M, Lockett A. Critical junctures in the development of university high-tech spinout companies [J]. Research Policy, 2004,33:147-175.
③ Hellmann T, Puri M. The interaction between product market and financing strategy: the role of venture capital [J]. Review of Financial Studies. 2000,13(4):959-984.
④ Vohora A, Wright M, Lockett A. Critical junctures in the development of university high-tech spinout companies [J]. Research Policy 2004,33:147-175.
⑤ Heirman A, Clarysse B. How and why do research-based start-ups differ at founding? A resource-based configurational perspective [J]. Journal of Technology Transfer. 2004,29:247-268.
⑥ Shane S, Stuart T. Organizational endowments and the performance of university start-ups [J]. Management Science,2008,48(1):154-170.

成部分,人力资源质量较高,能满足企业运营需求,相互之间合作顺畅就能够减少开展价值创造活动的成本,创造价值实现的机会。

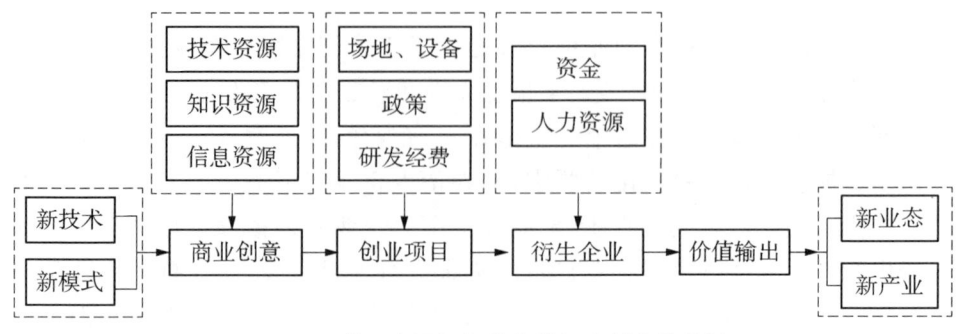

图3-1 基于资源视角的大学衍生创业价值链

二、大学衍生企业能力视角

综观国内外文献,虽然学术界对企业衍生能力这一概念的探讨才刚刚开始,并未给出明确的定义,但是对于以大学为孵化基地,借助大学的技术、知识、政策等优势衍生发展的企业的能力研究已经是国内外学者研究和关注的对象。一个成功的大学衍生企业不仅需要各类资源不间断的支持,而且对于企业衍生能力的转变和提高也有一定的要求。只有将资源和能力紧密结合,相互调整,才能找到最适合当前大学衍生企业发展的有效路径。虽然国内外不同学者对于大学衍生企业的动态能力提出了不同的看法,如 Borch 和 Rasmussen 认为大学衍生企业应具备的能力在不同阶段有不同的表现:创始阶段,大学衍生企业应具备发现新的活动路径的能力;创办过程中,衍生企业应具备平衡商业利益和学术研究的能力;发展阶段,企业应具备整合新资源的能力[1]。但是通过文献阅读仍然能够总结出实现成功发展的大学衍生企业的能力演进链条。

我们认为在大学衍生企业还只是一种商业创意的形式时,创业者的创意商业化能力至关重要。即使创业者拥有好的商业创意和充足的资源支持,不一定就意味着能够实现理想的商业化结果。由于大学衍生企业的商业创意来

---

[1] Rasmussen E, Borch O J. University capabilities in facilitating entrepreneurship: A longitudinal study of spin-off ventures at mid-range universities [J]. Research Policy, 2010, 39(5): 602-612.

源于一种新技术或新模式,所以这种创意商业化能力就包括技术商业化能力和模式商业化能力两个方面。我们有必要对促进创业者商业化的能力进行深化研究,这一点 O'shea 等人也曾提出过[1]。庞文和丁云龙更是将技术商业化能力提炼为大学衍生企业 3 组能力中的首要部分,而且认为这种能力可以促进技术与市场的结合,从而为企业创生奠定基础。创意商业化能力即如何将某种基于新技术或新模式的商业创意以一种商业形式推向市场,从而创造商业利润。这主要包括创意策划能力,商机把握能力,市场洞察力和创新思维能力。对此,Lockett 和 Wright 则给出了自己的认识,他们认为大学的商业开发能力比大学的资源投入重要,并且将这种能力具体细化为知识产权保护意识、工作人员的经验和技巧等内容,它们对企业衍生具有直接促进作用[2]。

当商业创意成功演进到创业项目阶段时,大学衍生企业的价值活动就进一步深化,而执行创业项目的过程必须以创业人员较强的项目运行能力做支撑,这一能力不仅包括技术研发能力,寻找、维持和继续增加资源支持的能力,组织资源开展执行项目的能力,还包括如何将大学衍生而来的新技术或新模式成功转化为市场所需产品或服务的能力。假使商业创意很新颖,但是却由于创业者缺乏项目运营能力,无法将其运用到项目之中则无异于纸上谈兵,或者由于其运营能力不足,则极有可能弱化其商业创意的市场潜力和价值创造力。Steffensen 等指出,大学衍生企业的一个主要特征是它的核心技术来自大学,这一技术也是企业日后成长壮大的竞争优势[3]。所以,大学的技术研发能力是企业衍生的直接前提。庞文、丁云龙则在创业项目执行过程中强调创业者的管理创新能力,因为这种能力的具备有助于通过配置组织资源,创造学术价值与商业价值。

最后,我们认为在大学衍生企业正式创立阶段,由于企业作为一个实体真正运行必须配备相对前期较大规模的资金和人力资源,而这些资源效用的有效发挥又必须以创业者强大的运营企业能力做支撑,具体包括筹集资金和维系社会关系的社交能力,合理配置人力的组织能力和及时应对市场变化的反

---

[1] O'Shea R, Chugh H, Allen T. Determinants and consequences of universtiy spin off activity: a conceptual framework [J]. The Journal of Technology Transfer, 2008,33(6): 653-666.
[2] Lockett A, Wright M. Resources, capabilities, risk capital and the creation of university spin-out companies [J]. Research Policy, 2005,34(7): 1043-1057.
[3] Steffensen M, Rogers E M, Speakman K. Spin-offs from research centers at a research university [J]. Journal of Business Venturing, 2000,15(1): 93-111.

应能力。例如庞文等强调创业人员建立网络联盟的能力,这种能力具体包括资源整合与战略合作等能力,它有助于整合创新资源,推动企业的发展[①]。只有当创业者具备这些较高的创业素养,方能推动企业尽快实现价值输出,为新产业和新业态的建立提供动力。

另外,由于不同大学的特质不同,而这些特质对企业的衍生能力和大学衍生企业的发展起着潜移默化的影响作用[②],所以我们在探讨附加在大学衍生创业价值链条上的能力时,只是就最一般的情况而言。

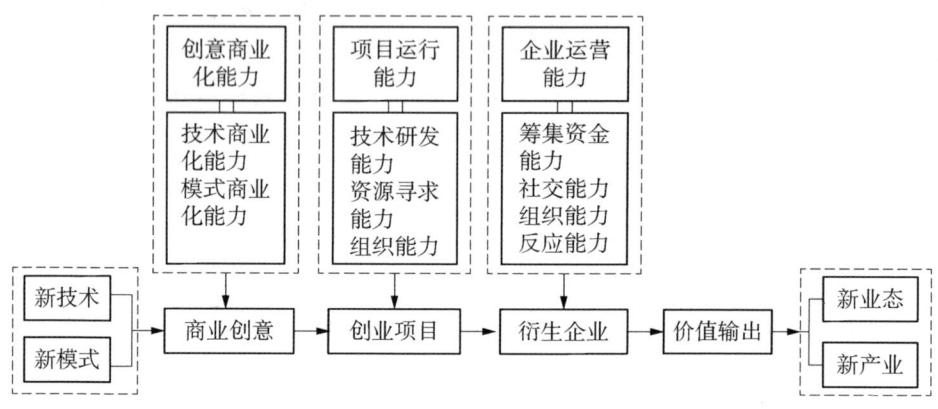

图 3-2 基于能力视角的大学衍生创业价值链

三、大学衍生企业社会关系网络视角

企业存在于社会之中,与同在一个社会中的其他群体进行经济交往和利益交换是不可能避免的。企业与外部环境发生的关系主要分为三大块:企业和企业的关系,企业与生态环境关系,企业与社会群体的关系。在促进内部环境最优化的前提下,促使企业尽快融入外部环境,构建企业与外部主体良性循环的互动系统,能够帮助企业更迅速更有效地实现价值创造。就具有互动性的社会关系网络的重要性,丁云龙提出"大学科技园的实质就是一个创新网络,一旦大学科技园发展成为创新网络,就能够通过其网络效应、组织协同和

---

① 庞文,丁云龙.论大学衍生企业的能力进化格局——基于东北大学和东软集团的精致案例分析[J].研究与发展管理,2012(04):103-112.
② 崔琳,方厚政,罗鄂湘.资源禀赋视角下的大学衍生企业研究综述[J].科技进步与对策,2011,28(2):155-160.

'互利共生'机制,推动企业的孵化和成长,并将自身网络融入到区域乃至全球创新网络中去,增加创新型企业的收益,实现科学场域中的大学和经济场域中的市场的共生共荣。"[①]虽然社会关系网络始终贯穿于大学衍生创业的全过程,但本部分将主要探讨大学衍生企业在发展的不同阶段就其自身与社会群体之间关系网络的构建主体变化。

我们认为在大学衍生商业创意阶段,创业者的创业活动和社交群体主要局限在母体大学内,所以校友、师生和个人亲属关系是构建此阶段大学衍生企业社会关系网络的主要路线。大学师长或校友可以运用自身从事研究、教学甚至创业的经验为改进商业创意提供宝贵意见,创业人员的个人亲属则主要提供精神支持和物质支持。国外学者 Walter 等就曾提出类似的观点,"可以利用学校技术转移部门和孵化器的管理人员、校友、毕业生等各种非正式关系网络维持并发展校企关系"[②]。可见,大学衍生企业创业初期,衍生企业应当注意维持和发展这种校内关系网络和亲属关系网络。

如上文所述,创业项目执行阶段需要一定程度上的资源支持,而大学、科研机构、政府是提供包括场所、设备和研发资金在内各种资源的主要来源,而科技创业是连接科学领域和经济领域的重要桥梁,因此创业者需要处理好企业与大学、科研院所以及政府的多重关系,我们尤其要注意的是大学和政府提供的政策支持。政策支持是影响大学衍生企业在初创阶段构建价值网络的关键因素。一方面大学为以大学生为代表的创业人员提供创业政策支持,为给予创业者各方面的资源支持提供了具体的指导和规范,简化了创业人员在学校的创业操作手续。另一方面,政府关于大学衍生创业的政策支持是鼓励创业者激发创业能力的强大支柱。在国家宏观政策的指导下,大学衍生企业在创立过程中既可以收获包括创业基金等一系列物质方面的支持,还可以因其大学衍生的特殊性而享受公司设立过程中的优惠。充分利用大学提供的物质支持及创业能力培训课程,加强创业校友圈的创业交流,努力争取政府的宏观扶持和优惠政策,打造以企业、大学、科研机构和政府为主体的社会关系网络是推进企业价值链演进和实现价值创造的重要环节。

在大学衍生企业正式设立并运行阶段,创业者需要高度关注并构建以投

---

① 丁云龙. 大学科技园的网络本质和战略选择[J]. 自然辩证法研究,2004(5):62-66.
② Walter A, Auer M, Ritter T. The impact of network capabilities and entrepreneurial orientation on university spin-off performance [J]. Journal of Business Venturing, 2006,21(4):541-567.

资人、新闻传媒、供货商和顾客为主体的社会关系网络。具体而言,风险投资机构的加入有利于企业获得大规模的货币资金,缓解企业经营压力,例如 Saxenian 把风险资本视为区域创新网络中的主要角色[①]。Shane 认为包括风险投资机构的网络关系能帮助大学衍生企业更容易地获得金融资本、成功完成 IPO,并且减少企业失败的可能[②]。而新闻传媒是企业与社会、潜在和现有的客户和合作伙伴、政府主管部门等相关方面联系的重要纽带,正确合理地借助传媒之力,策划有趣的新闻、营销事件,是大学衍生企业打好公共关系、树立良好公共形象的一项基本技能。与供货商的和谐关系能够使供货商成为企业发展的同盟者,为企业提供广泛的商界内部信息和竞争优势,成为企业发展的一大助力。顾客作为社会中的数量最多、分布最广、影响最大的一个部分,是企业与社会关联的重要途径之一,顾客对企业产品品牌的赞誉度与忠诚度是企业声誉和影响力的重要体现。

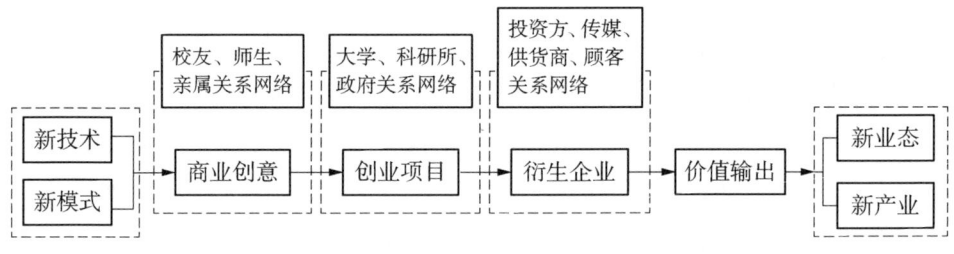

图 3-3 基于社会关系网络视角的大学衍生创业价值链

第三节 大学衍生创业的实证分析

案例研究是探索难于从所处情境中分离出来的现象时采用的实证研究方法,它可以帮助研究者全面了解复杂的社会现象,因此常被用于分析特定环境中社会或组织的具体情况[③]。通过对现实案例的详细分析和梳理,我们可以进

---

① Saxenian A. The origins and dynamics of production networks in Silicon Valley. Research Policy, 1991,20(5): 423-437.
② Shane S. Technological opportunities and new firm creation [J]. Management Science, 2001,47(2): 205-220.
③ 罗伯特·K. 殷. 案例研究设计与方法[M]. 重庆:重庆大学出版社,2004.

一步明晰大学衍生创业从最初的新技术和新模式经过一系列价值增值活动演变成最终的新业态和新产业这个过程中资源的配给、创业人员能力要求以及社会关系网络的动态变化。

第一阶段：首先，新技术研发对于商业创意的形成具有强大的推动作用。例如浙江大学为在校师生给予技术支撑，建立大学生创业与教师科研成果转化对接机制，推出"一元专利转化项目"供学生选择。清华科技园昆山分园依托清华大学的技术研发优势，在昆山市政府的支持下，致力于为创业企业孵化、高新技术研发、创新人才培育以及科技成果转化提供资金和技术支持，提供一流的空间支持和专业的管理服务，打造了国际一流的小核酸产业基地、国家先进制造业创新平台，成为长三角地区最具活力的外向型高科技园区。另外商业创意离不开知识和信息资源，而这些资源最主要通过大学创新创业教育提供。华中科技大学为激发广大师生形成有价值的商业创意，开展创业教育，开阔学生思维，为构建大学生创业创新服务体系打下基础。为加深学生对创业的理解，华中科技大学产业集团以科技企业孵化器为实施主体，逐步形成线上线下包括创业教育课程、讲堂、精英训练营等形式的，以"创新精神培养、创新方法培训和创业实践启发"为目的的创业教育和培训体系。其中创业教育课程包括创业概论、商业机会等9个主题，创业大讲堂会邀请院士、学术大师以及知名企业家举办创业讲座，讲堂内容包括课内和网络教学、参观考察、企业家论坛等，通过讲堂分享创业经历，传授创业知识，培养学生创业意识。同时华中科技大学建立了自己的科技创业网络平台，目前已收录3400余篇围绕科技创业主题的学习资料，成为开展大学生创业启蒙教育的重要阵地。与之相比国内还有许多大学在创新创业教育方面有所成果，如表3-4所示。

表3-4　　　　　　　　　全国各大高校创新创业教育一览

学校	措施
清华大学	① 为本科生和研究生提供《创业管理》《新技术商业化》《创业营销实务》等课程； ② 整合校内外的优秀资源，广邀相关学界、业界精英成为"驻校企业家"和"驻校天使"，定期进行指导并授课； ③ 清华x-空间启动"清华大学学生创新力提升证书项目"，学生可围绕"思维与技能""跨界学习""实践交流"三个板块进行系统学习与实践

续表

学校	措　施
同济大学	① 开设系列讲座和沙龙； ② 打造多个创业平台，包括互动性的能力提升、开放型的种子培育、陪伴式的导师辅导和多元化的梦想放飞等功能平台，促进大学学科链和社会产业链的有序对接，促进课堂教育与实践结合； ③ 严格审核入驻创业谷的团队，实行严格的淘汰机制，每两个月或一季度进行考核，未达到预期目标的团队就将离开
上海交通大学	① 每年鼓励学生将自身创意结合科技研究，完成产品初步设计； ② 对接"挑战杯"中国大学生创业计划竞赛、"海峡杯"两岸大学生创业计划邀请赛，在校内举办相应的创业比赛，如"江阴杯"上海交通大学创业计划大赛等分行业、分类别的大赛； ③ 分别为本科生、研究生等不同层次的学生举办创业沙龙，创业沙龙与"创新与创业大讲堂"的高端嘉宾演讲、大型讲座的模式形成互补； ④ 组织学生走出校园赴创业园区参观，如上海漕河泾、江苏江阴等地； ⑤ 将新建、续建和改建10个基础教学实验中心和10个大类学科实验教学中心列入"985三期"规划之中，为创业素质教育提供坚实的支撑
浙江大学	① 在"通识教育"基础上构建创业教育体系：开设创业课程超过30门，开展"大学生创业导师计划"，聘请资深教授担任创业教育导师，组织实施创新创业训练项目，加强与国际创业教育组织合作； ② 开展"全链条式"的教育活动：举办创业论坛和沙龙，激发创新创业意识；强化科研训练，比如实施大学生科研创新培训计划（SRTP），增强创新能力；以赛促教，举办"蒲公英"大学生创业计划竞赛、校友创业大赛等竞赛活动，通过比赛促进创业团队培育；成立大学生微创业联盟凝练创业项目，指导创业实践； ③ 营造基于"学优而创"的文化氛围：举办"中国创业"国际夏令营活动，开展面向世界的创业交流研讨；选拔优秀学生去硅谷、UCLA商科中心进行交流访问；重视导师带徒弟传统，构建以浙商企业家为核心的高端实践育人平台，学习浙商创新创业精神；加强典型创业案例宣传，利用新媒体平台优势，发布创新创业信息，推送校友成功案例
中山大学	① 成立创业学院，一半老师来自实务界，一半教学内容和时间用于实践导向，每年从在校学生中选拔30人，为每个学生配备校外创业导师； ② 组织创业实际案例研讨、参观学习、创业计划制订、创业模拟、竞赛、带着课题进行创业实践和实习等； ③ 鼓励理工科老师和研究生带着课题和实验室成果到创业学院孵化
温州大学	成立创业人才培育学院，开设创业先锋队、经理培训班、创业管理双专业班等培训项目，构建了独具特色的创业人才培养体系
中国人民大学	将课外实践课堂——"第二课堂"作为"第一课堂"的拓展，鼓励学生参与各种社会实践活动和公益活动，鼓励创造性思维，在学好专业知识的基础上形成以项目和社团为组织形式的创业实践团体

第二阶段：创业项目运行状况是衍生价值链能否成功向衍生企业环节延伸的关键，如上文所述，此阶段必须以厂房、设备等一系列资源配备为基础，而提供来源主要以大学为主。

以同济创业谷为例，利用校区旧厂房及其他优质空间和设施，在校内建设大学生创业实践平台，可供创业家和学生交流创业故事、分享创业经验、畅谈创业感悟、汇集创业力量。通过该平台，首先项目来源由于学生自发申请、教师专利转化、企业课题委托、政府项目委托、基金资本委托而大大丰富，其次许多衍生创业项目不仅具有免费办公场所、导师培育，而且还能获得创业谷提供的3000元启动资金。在这一阶段，政府优惠政策更是发挥了突出作用，如同等条件下，市级创业孵化示范基地可得到各区县的优先扶持发展，政府购买会向创业孵化成果倾斜。这大大激发了创新创业原动力。2014年以来，同济创业谷积极发挥杨浦的创业资源集聚优势，与中国（上海）大学生创业实训基地签订合作协议，实现创新创业活动举办、项目选拔培育、实验试制平台运用等一系列资源的共享。清华大学创意创新创业教育平台，被称为清华x-空间，也是清华创业学子获得项目运营资源的成功实践。这个平台汇集了各类资源，包括导师指导和系统课程，创业团队能在这里快速寻找和对接需要的资源和人脉。现已有超过120个团队通过清华x-空间注册成为公司。上海交通大学则坚持开门办院，充分整合校内外、境内外资源，目前正与麻省理工学院、斯坦福大学等在师资培训和实验室建设等方面接洽。师资队伍坚持"三师制"——教师、讲师和导师共同合作，促进校内外、学界和产业结合。同时建设校外基地，落实学生创业见习、预孵化资金和场地。另外，在对创业项目进行资金支持方面，华中科技大学的资助措施相当到位，甚至形成了自己的模式。自2007年起，华科大联合数家企业创立多项大学生创业基金，鼓励大学生进行创新创业活动。华科大创新大学生创业培养模式，分别设立研究生创新基金、创业基金和天使投资基金，分别针对"创新团队-创业团队-创业公司"三个环节进行无偿资金支持或风险投资。同时，华科大出台了《关于进一步促进科技成果转化的若干意见》，鼓励师生在完成规定的教学、科研工作的前提下兼职创业，并将科技成果转化作为一项指标纳入院系工作考核。而浙江大学致力于强化基于"资源整合"的支撑平台。一是"求是创新"，将这句校训融入培养的全过程。二是为大学生创新创业提供政策保障，出台一系列文件，引导大学生处理好创业与学业、就业之间的关系。三是整合创业资源，积极为学生争取各类创业基金，目前在校设立的大学生创业孵化基金累计超过5000万元，同时与当地政府共同建设创业园,聚集创业政策和优质的服务。四是场地支持,已为大学生创业开辟5 000平方米的创业孵化园。另外,免除相关费用和实行贷款贴息上等优惠政策,能够为创业项目运行提供强大的支撑力。以浙江省为例,2013年已有文件规定,为高校毕业生提供费用减免、贷款贴息等优惠政策。杭州市2013年专门出台了《杭州市高校毕业生创业资助资金实施办法(试行)》,对毕业后两年内自主创业的大学生提供商业贷款贴息和项目无偿资助两种资助形式,可选择其中的一种申请。2014年,该政策的适用人群限制从高校毕业生拓展到在杭高校的在校大学生。随后,宁波、绍兴等为鼓励大中专毕业生自主创业,推出了小额担保贷款贴息、创新资助和规费减免等政策。另外,杭州、宁波、温州等地建立了大学生创业园,为在园区创业的大学生提供房租以及其他服务方面的优惠。

第三阶段:如上文所述,大学衍生企业运营过程需要大量的资金和人力资源,所以对外进行风险融资成为该阶段的重要特征。以清华x-空间为例,目前中国建设银行、法国电力、IBM等国内外知名企业已经与其建立了对接合作。100多家投资机构可以为学生项目的实施提供融资服务。清华x-空间创立将近两年时间,已有30多个团队获得融资,总融资额超过1.5亿元。清华科技园内入驻企业创业成功后,常常用股权融资、股票上市、配股、增发等方式从资本市场募资。这些资金有效解决了研发和产业化过程中资金投入的"1∶10∶100"的问题。"1∶10∶100"是国际公认的公式,认为如果研发阶段的资金投入是1的话,那么商品化阶段的资金需求是10,而达到规模化生产阶段的资金需求是100。据估计,清华科技园入园企业每年R&D的投入超过30亿元,其中许多是与清华大学合作项目的投入。浙江大学不仅与知名风险投资机构签署战略合作协议书,建立起风险投资联盟,为创业企业提供投资、融资服务,而且还打造了创业生态圈,联合浙江经视制作《资本相亲会》电视栏目,广泛报道学生创业项目,吸引天使投资关注,2014年有14支在校生创业团队获得4 000余万元直接融资。近两年华中科技大学的大学衍生企业融资成果丰硕,华中科大多名学生凭借创业成果获得大笔融资资金。由于大部分创业团队都以技术人员为主,缺乏企业运营管理相关的知识,华中科大建立了人才储备基地"未来企业家训练营"。华中科大团委在创业社区内设立大学生创业实践"一站式"服务平台,近距离服务创业的大学生,并邀请创业导师为学生提供涵盖商业定位、发展规划、法律咨询和投资融资等方面的深度咨询服务。

第四章 研究设计及案例背景

第一节 研究方法选择

案例研究方法由美国哈佛大学法学院院长兰德尔在1890年始创,案例研究在法学教育领域的成功激励了商学的教育,获得了哈佛商学院院长的推广,很快从美国向各国传播,同时案例研究法作为一种有效的实证研究方法也在各个学科中得到了广泛的应用。案例研究在中国虽然起步较晚,但是发展迅速,应用领域广泛。

案例研究通过讲述一个很好的故事,揭示纷繁复杂的现象和数据背后的内在的联系,回答"为什么"和"怎么样"的问题。案例研究是一种"非接触性研究",研究者通过研读文献和实地考察访谈的方式,不直接接触和影响研究对象。案例研究也不是单纯的讲述故事,毛基业和李晓燕(2010)认为良好的案例研究需要理论的贯穿,从案例中提取出可靠的理论结果。张建霞和毛基业(2012)认为从复杂的案例中剥离出结论离不开数据分析,通常有两种研究策略:时间序列分析和模型匹配分析,单案例研究适合前者,解释了在一段时间发展后的结果变量,多案例研究适合后者,反映了不同因素如何影响结果。

对于如何有效地开展案例研究,罗伯特·K.殷(2004)认为案例研究应该采取以下五个步骤。首先,确定研究设计;其次,做好研究准备,根据研究内容和理论选择合适的案例;第三,搜集数据;第四,分析数据,将搜集到的数据整理、归纳、重组,找出研究假设的证据;最后,形成报告。本章的案例研究也将按照上述的步骤展开。

第二节 研究设计

一、多案例研究

案例研究类型主要有两种：单案例研究和多案例研究，本研究采用的是多案例研究。多案例研究又包含了两个研究阶段：案例内分析和跨案例分析。研究者将每一个案例作为独立的主体进行分析，即案例内分析；在案例内分析的基础上对所有案例进行分析、归纳、总结，得出抽象的、精辟的结论，即跨案例分析。

本研究的研究对象是大学衍生企业的创业路径，是社会创业中的重要的一个组成部分。大学衍生企业创业受到多种因素的影响，而大学在其中扮演着重要的角色，在大学衍生企业创业的各个阶段都对其产生了不同的影响。因此，本研究将选取六个大学衍生企业创业者的案例，使案例研究更加全面、有说服力，从而保证得出的结论的可靠性、有效性。

所以，本研究采用的是多案例分析研究方法。

二、案例研究检验

案例研究有着一套严格的信度、效用的要求。罗伯特·K. 殷(2004)提出需要使用建构效度、内在效度、外在效度和信度四种检验方法来评定研究的质量，具体要求如表4-1所述。

表4-1　案例研究有效性的评价标准及其表现形式

检验	定义	案例研究策略	研究阶段
建构效度	获取和整理的数据是否充分反映了被访问者的意思和知识	采用多元的证据来源形成证据链 要求证据的提供者对案例研究报告草案进行检查、核实	资料收集 资料收集 撰写报告
内在效度	不同的研究者对不同的偶然事件是否得出类似的结论	进行模式匹配尝试进行某种解释 分析与之相对应的竞争性解释 使用逻辑模型	证据分析 证据分析 证据分析

续表

检验	定义	案例研究策略	研究阶段
外在效度	在一个地方产生的理论和概念是否在另一个地方适用	用理论指导单案例研究	研究设计
		通过重复、复制的方法进行多案例研究	研究设计
信度	表明案例的每一步都具有可重复性，并且如果重复这一研究能够得到相同的结果	采用案例研究草案	资料收集
		建立案例研究数据库	资料收集

第三节　案例选择

选择案例是案例研究中至关重要的一个环节，案例的选择应该有一套可操作的标准，从众多研究对象中挑出合适的案例。本研究的案例选择的标准如下：

首先，被选择的案例具有一定的代表性，能够反映大学衍生企业创业路径的详细情况。案例不仅应该包含遍布全国东西南北、沿海与内陆的大学衍生企业，在时间跨度上也应具有一定的代表性，还需在企业的行业分布上存在差异，以代表中国大学衍生企业的现实发展状况。

其次，能够提供大量翔实的一手、二手资料，方便研究使用。所选的案例的资料充足，能够充分再现大学衍生企业的创业经历，以便研究者从案例中提取出关键因素。

最后，被选择的案例有着丰富的创业经历，可以提供多方面的视角以便研究者参考和对比。

参照上述的标准，本研究选择了六个案例展开研究。六家大学衍生企业分别是：出自清华的陆致成领导的同方股份有限公司、复旦大学郭广昌和另外四位毕业于复旦大学的同学创办的复星集团、华东师范大学江南春创办的分众传媒有限公司、华中科技大学姚欣创办的聚力传媒技术有限公司、浙江大学陈伟星创办的杭州泛城科技有限公司和广州中医药大学王锐旭创办的广州九尾信息科技有限公司。

第四节 案例背景

一、同方股份有限公司

北京清华人工环境工程公司成立于1989年,由清华大学教授陆致成和同事白手起家,主要从事人工环境领域中的自动化控制。在陆致成的主持下公司完成了供热空调工程分布式微机控制系统、"RH型智能控制器""RH型模块式热泵机组"等的研制与开发,并实现产业化。1997年,公司开发研制了世界上第一台适用于低温环境工况的U型风冷热泵机组,并获得国家专利。十年时间内,公司从5万元资产发展到近1亿元的资产,连续8年平均年增长100%,名列清华大学校办产业中利润第一名。

1997年,北京清华人工环境工程公司被并入北京清华大学企业集团发起设立的同方股份有限公司,并且成为清华同方产业的主力军。同年,清华同方股份有限公司在上海证券交易所上市,当日涨幅309%。"同方"二字源于《礼记》中"儒有合志同方"这一句,"方"表示"道义"。清华园中最早的建筑——同方部,曾长期作为每年八月二十七日祭奠孔子的地方,其意为"志同道合"者相聚的地方。这代表了清华大学对清华同方集团发展的期望,通过清华同方这个主体,利用其资金优势并且汇聚志同道合之士一起将学校的科研成果产业化,实现发展知识经济、科教兴国的想法。所以,清华同方从初创时就肩负着促进科技成果的转化与产业化的特殊使命和社会责任感,企业的发展目标定位是"世界一流高科技企业"。

陆致成担任了同方股份有限公司副董事长兼总裁和公司第一届董事长,他始终致力于产学研结合与技术推广工作。清华同方代表了校办企业对创业新模式的一种探索。清华同方将企业定位于一个联系知识创新源和知识应用终端的"创新孵化器",致力于帮助学校及科研机构将众多高科技知识创新成果更高效地推向市场。作为一家源自清华大学的高科技企业,同方股份一直坚持自主创新,以清华大学为虚拟研究中心,依托于清华大学人才、科技的优势,通过"带土移植"和"拟风险投资"的形式,从清华大学已有的科技成果和科技人力资本中筛选可以与市场相结合的项目。这种被称为"技术+资本"的战略方针,促成了同方特有的以核心技术为基础的科技成果转化模式,成功孵化出一批举足轻重的高科技企业,更培育出一批优秀的高科技领军人才。同方有限公司目前形成了包括6个海外研发机构、3个国家级工程研究中心、6个联合实验室以及各事业部和控股公司下设的研发基地等构成的多方位的研发体系。研发实力雄厚,在技术创新上成效卓越。

同方秉承"自强不息,厚德载物"的清华大学校训,以"科教兴国"为己任,积极探索高科技产业发展之路。逐步形成了以信息、安防、节能环保三大科技产业为主业,以金融投资和科技园建设为两翼的发展模式。同方目前发展的基本思路是立足于信息和节能环保产业,不断完善以构筑完整产业链为核心的科技成果产业孵化模式,沿着产业链上下游进行布局,挖掘和开发关联技术、产品和服务,不断拓宽核心业务领域,构造产业链的竞争优势,发展附加值高的业务领域。截至2018年,同方股份有限公司总资产超过636亿元,年营业总收入近250亿元,入选"中国电子信息百强"、"中国电子信息行业创新能力50强"。

二、复星集团

上海复星高科技(集团)有限公司是国内第一家民营高科技企业,主营现代生物工程、医药、信息、房地产、钢铁、矿业等多元化产业,复星先后投资复星医药、复地、豫园商城、建龙集团、南钢联、招金矿业、海南矿业、永安保险、分众传媒、Club Med、Folli Follie、复星保德信人寿等。经过23年的不断成长与成熟,复星的业绩稳步增长,连续数年稳居中国企业100强。2007年复星集团在香港联交所主板整体上市,堪称中国民营企业的奇迹。

1985年,郭广昌考入复旦大学学习哲学,毕业后与梁信军都留校工作。1992年,在中国改革开放的动力支持和邓小平同志南方谈话的鼓动下,二人一起"下海",以3.8万元的创业资本从事国内市场调查和科技咨询业务,创办了广信科技咨询公司。广信是当时上海市杨浦区的第一批民营企业,公司希望能够把大学的技术产业化,在社会中得到广泛的应用。成立10个月,公司就依靠做市场调查赚到了第一个100万元。

1993年,汪群斌、范伟、谈剑加入后,"创业五人组"成立,公司正式更名为"复星",寓意"初生牛犊不怕虎"的"复旦牛",象征着朝气蓬勃、牛气冲天。公司开始转型,业务主攻房地产销售和生物制药,并且在年底实现营业收入1 000万元。1994年11月复星集团公司成立,成为上海本地科技企业中的首家集团公司。因为创业团队中的梁信军、汪群斌和范伟都是复旦大学遗传学毕业生,在生物科技领域具有独到的见解,所以公司把业务重点转向生物制药领域。1998年,由集团控股的复星实业成为上海第一家上市的民营高科技企业,成功融资3.5亿元。至此,复星集团的生物医药和房地产两大板块正式形成。

但是,在这一阶段复星的发展也不是顺风顺水的。1994年,保健品行业异军突起,复星也顺势进入保健品行业,但是由于对保健品行业的商业模式不了解,同时也缺乏保健品行业的储备人才,复星研发的咕咚糖保健品亏损了上百万元,复星及时退出了保健品行业,专注于生物医药行业。

2007年,复星开始考虑整体上市,在香港成立了复星国际。几经周折之后,2007年7月复星在香港整体上市。同年,复星发现了资源行业的发展潜力,大力并购扩展资源领域,投资9亿元,合资拥有了中国第一大富铁矿——南海矿业,投资参与全球第二大焦煤公司——山西焦煤公司。2009年,复星集团开始它的全球的扩张阶段,展开海外布局。

23年的历史,复星经历了从无到有,从小到大,从自己培养到收购企业,逐步建立起中国最大的多元化综合性民营企业商业帝国。近年来,复星集团直接和间接控股的公司已超过了100家,投资范围涉及生物制药、房地产、信息产业、商贸流通、金融、钢铁、证券、银行、汽车等领域。

复星发展的诀窍之一就是顺势而为。根据形势发展顺势而为,从来不去逆势而行,勉强为之。从政策开放角度来看,复星都是顺着政府的政策,随着开放准入稳步进入,既不超前也不落后。从经济发展的角度,复星始终把握中国不同时期的高增长行业,踏准中国动力,分享中国经济的高速成长。复星的成功很大程度上得益于领先。不管是进入地产、医药,投资钢铁、矿业,还是布局商业,复星总是会领先半步,从而占得先机。但仅凭领先可以成功,却并不足以制胜。复星还有一样法宝是创新。

三、分众传媒有限公司

1994年,江南春因为代理IT广告而挖到第一桶金。1998年,他创办的永怡传播有限公司的年收入超过5 000万元,占领了上海95%的IT广告代理市场。2000年,公司的经营额达到1.5亿元。两年后,江南春开始投资楼宇广告,这是当时市场的空白点。2003年他创办了分众传媒,第二年销售收入达到2.4亿元,占中国楼宇广告77%的市场份额。分众在创办之后的两年内共得到将近5 000万美元的风投资金,并于2005年7月成功在纳斯达克挂牌上市,成为海外上市的中国纯广告传媒第一股,并以1.72亿美元的募资额创造了当时的IPO纪录,目前市值超过70亿美元,是纳斯达克中国上市公司龙头股。2007年12月24日,分众传媒正式被计入纳斯达克100指数,成为第一个被计入纳斯达克100指数的中国广告传媒股。2012年8月13日,分众传媒收到35亿美元私有化要约。

分众传媒是中国领先的数字化媒体集团,分众传媒旗下拥有商业楼宇视频媒体、公寓电梯平面媒体、卖场终端视频媒体、户外大型LED彩屏媒体、互联网广告平台、手机无线广告媒体、分众直效商务DM媒体及数据库营销渠道等多个媒体网络。凭借其独创的商业模式、生动的媒体传播赢得了业界的高度认可。2003年,分众传媒首创中国户外视频广告联播网络,精准的受众定位和出色的传播效果使分众传媒受到广大消费者和广告客户的青睐。2004年底分众传媒全面推出的中国卖场终端联播网,能够锁定快速消费品的主要购买决策人群,影响终端购物中的品牌选择和消费决策,填补了全国性终端媒体的空缺。2005年底和2006年初,分众传媒分别收购了Framedia和Target Media,不仅进入了社区平面媒体领域,而且巩固了它在户外楼宇视频市场的领先地位。2006年4月底,分众传媒正式推出的户外LED彩屏媒体将覆盖都市中心商务区的行进路途。目前,分众传媒所经营的媒体网已经覆盖100余个城市、数以十万计的终端场所,日覆盖超过3亿的都市主流消费人群,成为中国都市最主流的传媒平台之一,效果被众多广告主所认同肯定。

十年前,作为"中国传媒第一股",分众在纳斯达克挂牌上市,风光一时。然而,随着"中概股"增多,越来越多分析师对中国经济前景的不乐观评估直接导致中国概念股在美国市场不再享受高溢价。由于信息的不对称,美国投资者往往会以悲观的预期看待中国公司,"中概股"一时面临估值偏低、交易不活跃的情况。大批"中概股"愤而退市,分众传媒就是其中之一。分众传媒相关负责人也坦言:"美国市场不了解分众,只有在中国才有这种传播方式,他们无法理解这种情况,导致公司受到的市场冲击比较大。"美国投资者时高时低的估值使分众传媒未能熬过"七年之痒"便从私有化中谋求退市。参与此次私有化的均为PE界大佬,包括凯雷、方源资本、Citic Capital Partners、中国光大控股有限公司等。两年前完成私有化从美股退市之后,分众传媒有限公司一直在努力提升自身的实力,在业务上丰富宣传端内容,从单纯的硬广告转型为提供多种类服务的宣传媒体。

四、聚力传媒技术有限公司

2004年,姚欣在华中科技大学读到研究生一年级时,因发现网络视频的商机,决定休学创业。年底,PPLive1.0正式在华中科技大学韵苑26栋诞生,2005年2月,PPlive软件正式上线,在校内范围测试后,在武汉地区教育网内传开。PPlive的发展势如破竹,同年5月,上海聚力传媒技术有限公司成立了。

2006年,PPTV网络同步首播冯小刚导演的大片《夜宴》,开启了国产电影网络发行新时代。聚力传媒技术有限公司还与湖南卫视及金鹰网合作,分别开通"2007年网络超女""2009年快乐女声""2010年快乐男声"直播平台。2007年,承载"超女"总决赛,50万人同时在线收看,创下当年最高网络在线收看纪录。2010年直播平台观看人数累计超过千万,打破此前同类娱乐直播节目的网络收视纪录。2008年,作为CCTV和北京奥委会的网络技术合作伙伴,PPTV全程直播2008北京奥运会,并创造了同时在线人数超过500万的全球最高纪录。2014年开始,PPTV聚力全终端独家播出江苏卫视旗下所有节目,包括《非诚勿扰》《一站到底》《冲刺百万秒》《星跳水立方》等4大老牌电视节目、8大季播节目。体育方面,PPTV聚力长期包揽中超、CBA、亚冠、欧洲五大联赛以及NFL等诸多独家版权,在直播视频速度、品牌认知度、自制栏目等方面深受用户好评。在世界杯之年,PPTV聚力发挥内容优势,倾力呈现2014年巴西世界杯的热血比拼,并再接再厉,顺利获得2014—2015赛季巴克莱英超播出权益的视频媒体。在2014年巴西世界杯期间,PPTV第1体育成为众多80、90后球迷的首选,也是球迷在观看央视体育频道的同时,打开第二屏的首选视频网站。

2011年初,上海聚力传媒有限公司获得了日本软银投资的2.5亿美元的巨额资金,创下了当时互联网视频行业的融资纪录。2013年10月28日,PPTV与苏宁云商、弘毅投资在北京联合宣布,苏宁和弘毅将以4.2亿美元的公司基准估值联合战略投资PPTV聚力。PPTV聚力在引进新的战略投资者之后,将在产业链整合、多屏互动体验、媒体内容及视频开放平台方面加快发展。面对着外来资本的介入,聚力传媒技术有限公司创始人姚欣自己拥有的股份也在被稀释。对此,姚欣显得十分坦然,"我觉得PPTV最终还是属于4.2亿用户的,我只是PPTV的创始人,只有平台做大了,才能创造出更大的影响力。"

聚力传媒技术有限公司始终致力于新一代流媒体传输技术和网络视频技术的开发、推广和应用，是第一家致力于向海外输出中国自主知识产权专利技术，且产品被哈佛、麻省理工、微软研究院等国际知名机构广泛应用的互联网视频企业。拥有全球超大规模分布式视频网络，计算效率是当时全球同类型网络的500倍，PPTV凭借这些自主研发的专利流媒体技术优势，一度成为行业的开拓者。

2013年，根据最新相关行业报告显示，PPTV网站目前占据了互联网视频直播市场超过60%的市场份额，已成为全球华人社群中最受尊崇的网络电视新媒体。截至2014年2月，凭借强大的技术优势和极佳的用户体验，PPTV聚力已经拥有超过10亿的PC客户端下载量，注册用户数1.2亿，PC端的日均活跃用户达到3600万。同时，移动客户端发展迅猛，已拥有超2.2亿总安装量和8000万的月度活跃用户。目前，和全球超过300家电视台、制作机构及媒体、广告代理公司合作，7×24小时地向全球华人用户提供高清、流畅、多达数千路的直播或点播短视频实时网络电视服务。

五、杭州泛城科技有限公司

2006年8月，正在浙江大学读大学三年级的陈伟星带着7名老乡和同学，筹集了17万元，创办了杭州泛城科技有限公司。因为缺乏足够的创业基金，公司创办的初期，他们只能挤在一间小房子内埋头开发网络游戏。公司的10名初创人员和员工每月只能拿着500到1000元的薪资，吃住工作都在一个小区两间公寓里，员工的伙食费成为公司薪资外的最大开支。正好那时CPI指数飞涨，生活成本上升，为了节约成本，公司的伙食也非常简单。创业的艰辛和失败让5名共同创业的成员离开了公司。

但是，机遇总是垂青那些时刻准备并有坚韧耐心的人。为了让公司能够生存下去，泛城科技有限公司开始转型做技术服务。一次偶然的机会，泛城科技为一家公司做了一个WEB 2.5D社区的demo。虽然这个项目未被那家公司采用，泛城科技也并没有赚到足够让公司发展的钱，但是公司的团队从中发现了一个机会。2007年8月，陈伟星带领公司员工在充分调研论证的基础上，决定集中精力做基于WEB 2.5D技术的真实校园社区——魔力学堂，并致力于把全世界所有的知名高校，都做成仿3D(2.5D)的网上校园，让用户更为直观地畅游高校，结交朋友，学习知识。

天才般的创意吸引了"天使投资人"——浙江上虞一家房产公司老板的关注和投资。泛城科技就是利用这120万元的"天使投资"和科技部无偿资助的80万创新基金,开始了新的创业历程。此外,杭州市西湖区政府、浙大科技园也为他们创业提供了全方位服务。

2008年12月,魔力学堂正式对外测试,由于技术领先和设计理念新颖,在业内一炮打响,开拓了网页游戏的一个新兴市场,开创了国内MMO页游市场新蓝海。公司的产品出口至港台、日本、韩国、美国、德国、法国、土耳其、巴西、马来西亚等国家和地区,成为中国出口最广的文化产品,被誉为网页游戏的开山鼻祖,并且引发了史玉柱和周鸿祎等人的重视。进入2009年,泛城科技有了出色的产品,开始大力开拓市场。盛大、新浪、搜狐、千橡、巨人等国内知名的公司都成了泛城科技的合作伙伴。在公司团队上,从2008年年底20多人的团队,发展到2010年初160人的团队,成立了上海分公司,并且继续快速发展。2010年3月,泛城科技数次拒绝了业内知名公司的高价收购,与浙江的几家投资公司及业内知名的个人投资者完成了近4000万元的首轮投资。2012年,泛城研发的产品新《梦幻之城》开测首月服务器即破百,月收入破千万元,更成为2012年唯一一款获得"十大热门网页游戏"的新游戏。

2012年陈伟星和泛城科技的团队发现了打车软件的市场空白,进军打车软件行业,创办"快的",彻底颠覆了传统的出租车行业,创造了全新的市场。凭借着不服输的精神,公司团队克服了之前打车软件的种种弊端,优化了提供服务的便利性和快捷性。"快的"的发展潜力得到了马云的重视,他对"快的"给予了有力的支持。现在,快的打车数亿美元的新融资(C轮)即将完成,此前最重要的投资者阿里巴巴继续跟投。在成功研发了"快的"软件后,陈伟星将自己的"快的"股份转让给了合伙人,与泛城科技公司共同作为孵化者投了300多万元。截至2014年6月,"快的"打车以53.57%的比例占据国内打车App市场份额第一位。

泛城科技有限公司曾获得"中国最具投资价值公司"、"中国网络游戏新锐企业"等称号,是中国最大的网页游戏公司之一。杭州泛城科技有限公司将继续专注于网页游戏和移动互联网应用的开发和运营,在这一领域创造更加辉煌的历史。

专栏:浙江大学科技园相关情况

浙江大学是中国创业率最高的大学,创业率高达4.61%。浙江大学的浓厚创业氛围与杭州这座城市以及马云密不可分,很多怀揣着创业梦想的人将杭州作为他们梦想的起点。在杭州众多的创业园中,浙江大学科技园无疑是最醒目的,它依托于浙江大学科研、师资力量、实验设备和校园氛围,助力实现创业梦想。

浙江大学科技园创建于2001年,是经科技部、教育部联合批准的国家级大学科技园,也是国家高新技术创业服务中心。浙江大学国家科技园地处西溪僻静之处,占地面积52亩,有6.8万平方米的孵化楼。成立以来,累计入园企业总数为1200多家,培育高新技术企业70多家,有3家公司上市,科技孵化企业达1000余家,孵化毕业企业300多家,大学生创业企业400多家。其中,园区内70%初创企业的核心团队都是浙大人。

浙江大学和科技园为校内的创业者搭建了桥梁:专门针对有创业意向的同学设立了创新与创业管理强化班;浙大校友会、浙大未来企业家俱乐部等创业团体为创业者们提供大量的交流平台;学校的教授也尽自己所能帮助学生创业,众多浙江大学的学生、教授组成了创业团队。同时,科技园还吸引了很多校外创业团队慕名前来,不仅是因为科技园地理位置上靠近阿里巴巴公司的总部,也因为科技园有良好的创业氛围和服务设施。2014年,科技园的创业孵化基地入驻了400多个大学生创业团队。

浙江大学科技园以成果转化、企业孵化为工作核心,注重创业创新服务体系的建设。科技园致力于为入园机构与企业提供优质的服务。同时科技园与20余家中介服务机构合作,在法律、财税、工商、投融资、专利申请、技术交易等方面为创业者提供良好的中介服务。大学科技园继承了杭州国家高新技术开发区的一部分政府职能,一批工商管理、财税等政府机构对入园企业提供一条龙便捷服务。目前杭州科技园已初步形成了由政府、科技园管委会和中介服务机构三方组成的综合创业创新服务体系。

浙大科技园孵化器不仅努力帮助大学衍生企业将技术成果与社会资本对接,而且积极推进与浙江大学优势学科的互动,科技园力图结合应用研究、产业化开发与学科的基础研究,推进大学与企业的共同发展。

六、广州九尾信息科技有限公司

广州九尾信息科技有限公司成立于2013年6月,是一家致力于将移动应用开发、校园渠道资源和信息咨询服务集于一体的科技综合型企业。九尾,寓古风歌曲中"旺盛生息,灵动九尾,坚定无悔"之意。寓意着九尾科技生命力顽强、意志坚定并富有创意活力。广州九尾信息科技有限公司,下设两个团队,一个是魔灯传媒团队,另外一个是兼职猫团队。

九尾科技,脱胎于广州中医药大学的创业推广团队——魔灯创业团队。魔灯团队(modems 团队)成立于2012年初,是魔灯传媒的基础力量,将"专注、专业、卓越"作为服务理念,致力于为客户更好地开发和维护网站、主页及客户端等产品,为大学生提供创新创业和社会实践等锻炼自我的机会,帮助企业解决招人和宣传等难题。2012年9月,魔灯的业绩突破10万,执行项目总数破百。2013年6月,创始人王锐旭获得支持在此基础上成立了广州九尾信息科技有限公司。

2013年9月,"九尾科技"推出了自己的第一款产品——"兼职猫"App,目的是为大学生找工作带来便利。这是一款基于数据挖掘的个性化兼职信息推荐引擎,在产品推出的几天内下载量就达4000多,产品一炮走红。到目前为止,用户量突破了100万,其中创建个人简历的有20多万。

2014年4月,"兼职猫"获得了来自深圳创新谷投资管理有限公司的融资合同,成功拿到百万级别的天使投资。收获首笔天使投资后,这群90后大学生创业者对"兼职猫"也有了新的期待,"我们计划走资本运作的路线,通过融资将'兼职猫'做大。也预计将在10月份开始,为每个使用'兼职猫'的大学生买一份兼职保险,通过第三方进行理赔,这样大学生找兼职就不怕再被坑了。"

2014年5月18日星期日,"挑战杯·创青春"广东大学生创业大赛终审决赛暨第八届广东大学生科技学术节闭幕。这次比赛共有来自92个高校1 065件作品进入省级评选,331件作品进入终审决赛,竞争十分激烈。虽然高手如云,但是广州九尾信息科技公司的《"兼职猫"信息导航服务系统》荣获了本次创业挑战实践赛省赛的金奖。

公司成立后,公司项目最开始针对广州大学城内的高校,半年后全国21个城市都有"兼职猫"发放的兼职信息。目前,兼职猫已经和广州本土的十个兼职网站共享资源,并已成功覆盖全国40多个城市,拥有100多万学生用户和3万多企业用户。王锐旭也成了90后大学生创业的成功案例,但他并不满足于现状,在他描绘的蓝图里,"兼职猫"能成功上市,成为中国大学生兼职的第一平台。

第五节 本章小结

本章主要介绍了案例研究的研究设计方法。首先根据罗伯特·K.殷的理论确定了有效展开案例研究的总思路,然后明确本次案例研究的具体方法。根据案例选择的原则选取了六个案例,并介绍了案例的具体背景信息,同时确定了案例研究的质量判定标准。本章为第五章的案例研究提供了科学有效的方法和理论依据。

第五章 大学衍生创业演进路径规律多案例研究

第一节 案例描述与分析

之前的章节确定了本研究的研究方法和研究方案,并且介绍了中国大学衍生企业创业的相关背景。在本章中将展开多案例的具体分析和研究,对大学衍生企业创业的演进路径规律进行探讨。

一、陆致成创业案例

1948 年,陆致成出生在名副其实的工科世家,更是中国第一批成功获得硕士学位的学者,他于 1977 年毕业于清华大学热能工程系暖通空调专业,后在清华大学任教。为了把科研成果推广运用到实际中,为国人提供更好的生活环境,1989 年陆致成和一批同事创办了清华大学人工环境工程有限公司并担任总经理。在他的主持下,公司完成了供热空调工程分布式微机控制系统及"RH 型智能控制器""RH 型模块式热泵机组"等的研制与开发,并实现产业化。8 年后,这家公司并入清华同方,并成为同方产业的主力军。2001 年 4 月,陆致成当选为同方股份有限公司副董事长。

(一)深受清华大学校训影响,陆致成积极承担社会责任

1973 年,陆致成被推荐到清华大学学习,毕业后在清华大学任教。在清华大学的多年的求学和教学生涯让陆致成深受清华大学校训"自强不息,厚德载物"的影响。这句校训来自著名学者梁启超 1914 年在清华大学以《君子》为题的讲演。梁启超用"自强不息""厚德载物"勉励学生,后来被铸入校徽,高悬于大礼堂的上方,成为师生共同遵守的校训。这句话是清华大学的精神支柱和灵魂,"自强不息"是清华人追求卓越和奋发向上的体现,"厚德载物"表现了清华人对思想、学术的包容和爱国奉献的情怀。在校训的影响下他的血液中流淌着清华人奋发图强、勇往直前、争创一流、包容万物的精神。陆致成将校训作为人生目标,在爱国情怀和社会责任感的激励下,陆致成在毕业留校任教之余一直试图将科研成果推广应用,改变中国当时经济发展落后的状态。

(二) 校园的对外考察激发了陆致成实业兴国的意识

1984年,一次偶然的机会,当时已经留校任教的陆致成领着学生去哈尔滨实习。他顺道去了自己作为知青待过的地方,村子里的情景让他的内心受到了极大的震撼。即使中国已经改革开放了多年,村子依旧积贫积弱,与北京之间存在极大的发展差距,很多地方尚未被改革的春风吹到,造成了地区发展贫富差距变大的现象。陆致成对自己没有足够的能力去改变村里的现状感到自责。但许多难忘的画面却就此定格在了他的心里,对于曾经生活的土地的热爱和责任感,让他不断思索着改变积贫积弱现状、帮助农村发展经济和教育的方法,家庭的教育传统和清华精神的潜移默化让他不能袖手旁观这一切,实业兴国的想法由此而生。

(三) 开明的创业政策支持和校友的良性互动

1993年,清华大学为了改变科技成果转化率低的现状,提出了建设科技院的构想,为清华大学的科技成果转化提供平台,课题组老师可以到科技园将项目产业化。这项政策的结果是有些教授凭借自己的研发实力和管理能力进入企业的管理层,而有些教授则在完成使命后回到系里继续授课。这项"带土移植"政策是清华大学支持产业发展非常有效的政策,使得学校老师的创业激情大大提高了,很多清华大学的教授拥有教师和企业家的双重身份。

1998年,清科集团创始人倪正东在就读清华大学硕士期间,参与筹备清华大学创业投资协会的组建,并在清华校园内模仿麻省理工举行了第一届大学生创业计划大赛,首次将创业计划大赛引入了中国大学校园。正是在学校的大力支持和同学的热情参与下,清华大学搭建起了投资者、企业家、大学创业者之间的桥梁,拓展了清华学子的创新精神、创业能力。历届的创业设计大赛诞生了众多知名创业企业。在清华大学的创业创新政策的支持和超前教育下，培养了众多商界领袖，例如张朝阳、王小川、邓峰、倪正东等。尤其是清华大学工商管理专业，培养和造就了63名亿万富豪企业家校友，问鼎2014中国最盛产亿万富豪大学专业排行榜冠军，成为中国大学"造富摇篮"。清华培育出的创业者也反哺清华，在清华的百年校庆之际成立了清华新百年发展基金。这个基金由清华的300多位校友筹集，主要用于支持清华学子的学术和创业活动。这为清华大学的创业提供了良性发展的机制。也正是清华大学对于创业政策的开明支持，陆致成从一个教授转变为一个校办企业的董事，最终实现了自己实业报国的梦想。

（四）依托于清华大学强大的研发能力

陆致成在清华大学毕业后留校任教，这一段时间清华大学的教师队伍逐渐年轻化，中青年骨干迅速成长。1982年，第六次党代会的报告提出，清华大学十年的长期发展目标是"把清华大学建成世界先进学校"。在国家的支持下，清华大学朝着学术界一流大学不断发展。在国家政策的支持下，清华大学的科研实力逐渐提升，与国际上的交流日益加强。陆致成从中获益匪浅，专业学识得到了显著提升。在清华大学浓郁的学习氛围和全国领先的研发实力的影响下，陆致成的研究成果多次获得国家及省、部级科技进步奖，这也为他的创业奠定了技术、知识基础。

（五）清华大学积极应对改革开放中的变化让陆致成受益匪浅

改革开放的号角吹起，清华大学也积极加入到教育事业的改革行列中。在学术方面，邓小平的"科学技术是第一生产力"鼓舞了清华大学的师生在科学的高峰上不断攀登与贡献，多次承担国家重大的科研项目，获奖数量和专利数量均居全国高校之首。同时，为了适应改革开放发展经济的需要，承担政治经济学教学的董新保被校长一手委派筹建经济管理工程系。1984年，清华大学还邀请朱镕基担任经济管理学院的首任院长。在科研成果转化方面，1980年2月清华技术服务公司成立，这是全国高校第一家科技企业。除了孕育治国之才和学术大师，兴业也成为清华大学的目标。学校坚持"学研产"相结合，利用校办企业，将校园内的研究成果应于实业之中。到了2013年，全国普通高校校办企业净利润排在首位的就是清华大学，其校办企业的净利润总额为19.13亿元。在20世纪80年代，清华大学积极顺应时代发展的潮流，采取了多项改革的措施,在此影响下陆致成产学研相结合的想法也越来越强烈。身为清华的一分子的陆致成也在其中获益匪浅,随着清华大学的对外学术交流和思想碰撞的增加,陆致成的学术积累愈加深厚,为他的创业奠定了学术基础。对外交流的增加,让陆致成打开了眼界,把视线投向了更加广阔的空间。

(六)改革开放和知识经济浪潮的推动下高涨的创业热潮

20世纪80年代,随着改革开放的进一步深入,各种桎梏也逐渐消失,人们的思想从长期压抑、沉闷的状态中脱离出来,迸发出学习新知识和拓展视野的热情,知识经济快速发展。大批体制内的公职人员开始创业经商,大学也不例外,学校试图把文革中扭曲和被破坏的东西纠正过来,同时改变中国经济严重落后的局面。清华、北大、中科院在内的许多高校及科研机构,相继成立了校办企业,将产学进一步结合,也将实验室的技术高新成果更加有效地应用于产业,一时间大家的积极性和创新性得到了极大的发挥。同时,教授和学生纷纷将所学应用于创业中。尤其是处于中国政治中心的北京更能感受到国家改革开放的决心,体会到国家发展经济会带来的好处。坐落于北京的清华大学中的创业氛围尤为浓厚。1987年,在清华大学电子工程系读研的邓锋,就在校园里租了3间房,承接各种项目,很快小有名气,生意越做越好。在这种高涨的氛围的影响下,1989年陆致成和同事一起创办了北京清华人工环境工程公司,希望把科研成果应用化。陆致成利用5万元经费将清华大学热能系的技术成果带入市场,由此开启了激情创业的漫漫征途。

二、郭广昌创业案例

郭广昌是中国资本市场中最活跃的企业家之一,现任上海复星高科技(集团)有限公司、上海复星实业股份有限公司等多家公司的董事长。郭广昌出生在浙江的一个普通农民家庭。1989年,郭广昌从复旦大学毕业后留校任教,3年后用借来的3.8万元开始创业,1993年复星公司正式成立,经过二十多年的发展,复星集团已经连续多年稳居中国企业100强。郭广昌的人生名言是"资本好像是水,一个产业就像是鱼,水少了,鱼养不活,而如果是洪水,就会把鱼冲走,复星就是要在产业周期的变动中发现企业的价值。"

（一）复旦自由思想的精神激励

在郭广昌入校第一天见到的是"我不入地狱谁入地狱"这句欢迎词，这句话让郭广昌心潮澎湃，激发了郭广昌的斗志和奋发的精神，他的内心涌起了一种"敢为天下先"的情怀，在他日后的创业生涯中也表现出了这一点，他对社会有着强烈的责任感。复旦大学一直信奉"学术独立，思想自由"的精神，并且以此为荣，在复旦人的心中思想自由是学术独立的前提，这样的思想也深深地融入到郭广昌的所思所为中，促发了郭广昌形成发散性的思维，并将这一思想带入到他的创业中。

（二）复旦校园生活的锻炼

郭广昌来自浙江一个普通的农民家庭，家庭的贫困没有打倒郭广昌，他在大学学习之余坚持自己赚钱减轻家庭的负担。在学校里，郭广昌每晚11点卖面包给下晚自习后饥肠辘辘的同学，以此磨炼了做生意的能力。那时郭广昌每天晚上赚5块钱，看起来微不足道，但他当时每个月的生活费也只有30块钱。这样忙碌的生活极大地锻炼了郭广昌的交际能力，培养了郭广昌的经商思维。在郭广昌留校任教的时间里，学校里的社会实践也深深地影响了郭广昌。1987年的暑期，郭广昌仅带着200元，一个人骑着一辆旧单车去了北京，实现了他"不到长城非好汉"的目标。他一直希望通过创业回报社会，于是，立即行动起来的他，便在1988年暑期和11位同行者骑着拉赞助得来的自行车进行了一次"黄金海岸"6 000里的考察。这两次一南一北的长途出行对他产生了巨大影响，与社会最底层人们的直接接触，目睹了南北各城市的真实状况，让郭广昌更贴近社会，让他明确了自己和自己公司的定位。一次去浙江考察，他了解到了浙江的经济发展飞速、市场开放，而学校远比不上社会的开放，这次考察让他和梁信军一起萌生了创业的想法。

（三）复旦大学对于学生创业和继续深造的支持

1992年，郭广昌准备出国留学深造，复旦大学的老师知道后很快就帮他筹足了3.8万元，即使在今天看来也是不小的金额。已经顺利通过TOEFL和GRE考试的郭广昌放弃了出国的机会，之后，他和梁信军决定利用原本用于留学的这3.8万元作为他们创业的起步资金，学校老师后续又帮他们凑到8万元，学校在创业方面对学生的支持成就了他们从广信科技发展有限公司到复星集团的腾飞。

(四)复旦大学在生物医药方面的研发能力

复星的第一个项目就是来自复旦大学的研发成果。郭广昌他们在做过50多家企业的调研后,决定做一个具有自主知识产权的产品,经过考察,他们慎重地选择了现代生物医药产品作为他们创业的主攻方向。1993年上半年,郭广昌与其他四位创业成员一同回到了母校,利用PCR乙型肝炎诊断试剂开始介入生物医药产业,这是复旦生命科学院一种新型基因诊断产品,这项技术在降低误诊率的同时,还具有能够极大缩短疾病诊断时间的优点。但在产品入市初期,市场却并不看好这项产品,经过不断地努力游说,复星才得到与医院合作的机会,通过赠送配套使用的诊断仪器等联建形式,开辟了产品市场,最终使基因诊断中心在全国300多家中心医院成功设立。PCR诊断试剂的研发技术为复星赚到了第一个1亿元,为复星今后的发展提供了雄厚的资金支持。在此基础上,复星成功地建立了独特的销售网络和营销手段。

(五)复旦大学地处上海的地理位置优势

1992年,在复旦大学任教的郭广昌计划要出国留学,但是听到了邓小平同志的讲话后,他深受感动,放弃了出国留学的机会,决定辞职创业。郭广昌来自贫寒的农村家庭,他非常崇拜邓小平同志,正是邓小平的改革开发的政策让国家的经济得到了发展,人民的生活水平得到了提高。

复旦大学地处上海,是中国金融改革开放的中心,这里的思想开放,积极接受新鲜事物。在创业初期,郭广昌、梁信军选择了上海这一地域作为创业的起航地,不仅是因为他们从复旦大学毕业后一直从事学校的相关工作,积累了丰富的人脉和信息资源,并对上海的经济环境和创业环境十分熟悉,更是因为上海是中国的经济、金融贸易中心,在国家改革开放的道路上一直走在前沿。当时的上海市场已经较为成熟,需求大,各类资源也相对丰富,对于新企业的成长和发展十分有利。在创新创业大环境的驱使之下,一批高校知识分子响应号召,投身创业。郭广昌、梁信军也是在这股浪潮的助力下迈出了创业的第一步。

(六)复星创业"五剑客"在复旦相识创业

1993年年底,谈剑、汪群斌和范伟三名骨干成员从广信科技咨询公司跳槽加入,创业团队内五人均毕业于复旦大学,母校为他们提供了相识相知和交流思想的互动平台。五人在校园时期已经结识,建立起良好的关系,在复星的创业过程中始终并肩作战,这样的创业团队非常少见。作为一个创业团队,原本代表郭广昌和梁信军二人的"广信"已经不再适合作为公司的名字使用,因为他们同出于复旦,对于复旦大学有着极深的情感,所以就将公司的名字改为"复星"。

三、江南春创业案例

江南春是分众传媒的创始人。1994年,还在华东师范大学的江南春为无锡的一项市政府工程做户外创意,意外赚得了50万元,他准备将这些钱作为创业的第一桶金。毕业后,江南春在永怡担任传播总经理,承揽了上海IT、互联网广告业里最大的一部分业务。一次偶然机会,他发现了楼宇电梯口这个特定地点的广告价值。于是江南春利用这个创意成立了分众传媒,创造了楼宇视频广告这个创新的商业模式。2005年7月,分众传媒在纳斯达克上市。2007年12月,江南春被《中国企业家》评选为本年度中国"最具影响力的25位企业领袖"。2007年2月,被评选为安永企业家奖中国大陆地区大奖得主,这是唯一一项全球性的商业奖项,也是唯一被全球商界确认为最具影响力的商业奖项。

(一)华东师范大学多姿多彩的活动的锻炼

江南春凭借着诗歌创作才华,在入学不久就被推选为华东师范大学"夏雨诗社"的社长,后来也有幸出版了个人诗集《抒情时代》。1993年刚上大学二年级,江南春参选校学生会主席,按照惯例,大学三年级的学生才有资格参加竞选,但是他没有因此而放弃,而是调动各方面的资源积极竞选。在老师的帮助下修改稿件,在学长学姐的帮助下练习演讲,在众人的帮助下,江南春的演讲技巧和表达能力得到了提升。在这次的竞选过程中,江南春完美的执行能力表现得淋漓尽致,他发现自己在写诗之外的另一个才华,这也成为他日后创业并且立足商界的关键素质。借用江南春爱说的一句话:"事实上,我的大学时代,基本上就决定了我的今天。"

华东师范大学的勤工俭学的信息一直都是通过学生会向外公布,学校的众多事件由学生自己处理,锻炼学生的实践能力,江南春在这个过程中接触了很多企业家,开阔了自己的眼界。担任学生会主席的江南春看到一个新信息,一家广告公司要在师大招聘业务员,底薪300元加提成。正为竞选学生会主席而欠下的钱苦恼的江南春进行了唯一一次"以权谋私",他没把这个消息公布出去。在对广告一无所知的情况下,江南春接下了这份兼职,连夜赶了一个脚本。因为自己扎实的文学功底让客户看了十分满意,投入十几万元进行拍摄。初战告捷后,江南春信心十足,体会到赚钱的乐趣,继续从事广告行业的兼职。这次的成功奠定了江南春在广告行业创业的基础,江南春成为一个诗人的梦想渐渐动摇,取而代之的是经商的想法渐渐开始萌芽。

(二) 华东师范大学宽松自由的校园管理

疯狂的兼职生涯也让江南春始终对母校——华东师范大学持有一种理智的感激之情。"如果华东师大不是一所兼收并蓄的学校,我觉得自己起码被开除了三遍。每次考试的时候同学都会 call 我,通知我时间、地点,而我坐在考场竟然根本不知道监考老师是谁,考试的科目是什么。"江南春曾谈道,"创业者至少需要具备两种性格:一是对新兴产业的敏锐嗅觉;二是要胆大心细。"在大学期间他经常锻炼自己这两方面的品质,敏锐的嗅觉和胆大心细两个优点使江南春在未来也受益匪浅。

华东师范大学也一直注意培养学生的创业意识和创业能力。2007 年,为营造创新人才培养的氛围,华东师范大学出台了一系列的鼓励创业的政策:凡申请的创意产业项目被校方批准,学生可获得学校最多 30 万元的资助。对处于创业关键期的学生,学校允许其休学创业,部分创业骨干学生每人每年还可获得 2 至 4 分"创业学分",以缓解学业压力。学校还开设了创业教育公选课,集"要素式"学分管理、"哺育式"跟踪服务、"聚焦式"多元畅想为一体。课程旨在为广大有志于创业的大学生提供有效的指导,对大学生创业计划进行科学评估。在课程结束之时,借助精细化的创业服务和精准化的管理训练,大学生几乎全部提交就业自荐表,并以小组的方式提交创业计划书,参与创智大 PK 赛。各创业团队实践性地研讨创业项目,并有多位专家进行点评,切实地加强了大学生就业、创业的实操能力。

(三) 华东师范大学打破思维习惯的思想教育

江南春的"商业思维启蒙"得益于大学恩师朱大可的指点,他是中国最具影响力之一的文化学者。朱大可先生思想前卫、睿智,话语闪耀着理性、激情和启示的光辉。朱大可仔细分析世间有关屈原自杀的传闻,他从对屈原诗的详解和当时历史事件的考察中得出一个震撼的结论:屈原是被追杀并且被包在麻袋里沉入江底而死,不是流传的自杀。几千年的历史典故,很可能都是误传,从来没有能够绝对听从的真理。朱大可先生对江南春原有的"想像力思维"给过当头一棒,这让江南春由此迷上了反向思维,反思大众的习惯,江南春将这种思维进一步解读为,把所有的次序打碎重构变成一个新的东西。正是反向思维才让江南春在每个人日常都会见到的电梯中发现了新的商机,分众传媒的创办就是打破了头10年创业形成的固化思维。"没有想像力成不了诗人",这句话深深印在江南春脑海里,"要想在竞争林立的强敌中寻找立足的市场,需要有超前想像力和颠覆式思维。"

(四) 文学的学习丰富了江南春的想像力和创造力

在大学学习期间,江南春一直坚持兼职,工作十分勤快,而且心态平和、积极,认真学习与广告相关的知识。同时,他还不忘学习学校里传授的知识,他认为在华东师范大学的学习、写诗可以练就他的想像力,最终为他的广告主带去最宝贵的文案创意。

(五) 学校地处上海的地理优势让江南春接触到更多的商机

在江南春兼职的第一年里,他就挣了5万元的佣金。同时,江南春恰巧碰上上海淮海路新建商厦的绝佳时机。在卢湾区商委的支持下,淮海路的商厦形象工程几乎全被江南春这个大学生包揽。21岁的大学三年级学生江南春筹资100多万元成立了永怡传媒公司,这家公司在几年后以95%的份额称霸上海IT广告代理市场,营业额达到1.5亿元。政府的支持、上海广阔的广告市场需求,丰富的资源十分有利于企业的成长和发展。江南春抓住市场机会,利用地域优势,开始他创业的第一步。

(六) 20世纪90年代校园重商氛围的影响

刚进入大学,江南春还曾立志要发奋图强,做一个"前无古人,后无来者"的现代诗人、作家和批评家。然而,现实如此骨感,当时江南春写一首诗也只能赚到30元左右稿费,远远不够大学的各类开销。1992年那场市场经济的浪潮改变了世人的看法,更改变了江南春成为诗人的梦想。1992年,邓小平的"胆子更大一点,步子更快一点"等的南巡讲话精神已成为引领一代改革人前进的号角。

在邓小平讲话的影响下,作为改革开放前沿的上海受到巨大的思想冲击,市场经济渐渐活跃起来,坐落在上海的华东师范大学也受到了思想的震撼。人们开始渐渐崇拜起商人。江南春选择了"弃文从商",并且在此后十多年间都不再动写诗的念头:"本质上讲,我是个商人,而不是诗人,可能是因为我有宁波人的血统吧。那时我总觉得,诗人、作家都是被人关注的群体或对象。我是个功利的人,如果诗歌不再被世俗关注,不能再体现其应有的'商业价值'的时候,我就果断地放弃了诗歌,放弃了成为诗人的梦想。"这里也可以看出,时代主题的变更、政策的导向对促进、激发创业具有重大意义。

四、姚欣创业案例

姚欣从小就对计算机感兴趣,一直将比尔·盖茨视为自己的偶像。他在初中就曾获得河南省计算机奥林匹克竞赛三等奖,高中连续两年获得全国奥林匹克计算机竞赛一等奖。姚欣凭借自己的计算机天赋和刻苦学习,1999年被保送华中科技大学计算机本科专业。2004年,姚欣考上研究生,因为发现网络视频的商机,选择休学创业。为了这个创意,他带着团队开始了技术探索。起初这个团队只有7个人,一间几平方米的临时工作房。在一无所有的情况下,姚欣带领其核心开发团队展开了层层技术攻关,发明了适合大规模网络视频传输的ALM流媒体技术和核心算法。2005年,他在上海创办了聚力传媒技术有限公司。现在聚力传媒技术有限公司估值数亿美元,有千余名员工,是第一家向海外输出中国自主知识产权技术及专利的公司。公司的员工很少称姚欣为"姚总",而是更习惯称呼他为"比尔姚"。姚欣也获得了2011年"团中央青年创业十大人物"、2010年"上海IT青年十大新锐"。"我一直在学习,一直在。"姚欣说,让PPTV成为"每个人的网络电视"是他的光荣,而他的梦想,就是改变一代人的生活方式。

(一)华中科技大学丰富的校园生活锻炼了姚欣的能力

很难想像如今在商界魅力四射的姚欣,曾经非常内向和害羞。中学时期,由于害怕,姚欣从不会主动举手回答问题,这种情况一直持续到他就读华中科技大学。姚欣一直把比尔·盖茨当作偶像,他希望能有比尔·盖茨的成就,希望自己成为中国的比尔·盖茨,他给自己取了个英文名字Bill Yao。但是,要实现梦想,必须强化自己的交际能力、语言表达能力和领导才华,让自己的谈吐影响别人和自己的团队,让自己的言行得到别人的信服。

1998年,姚欣被保送华中理工大学(现华中科技大学)计算机本科专业。大学二年级时,姚欣开始主动去竞选班长,希望借此改变自己的性格,成为像比尔·盖茨一样的人。但是内向的他,面对第一场的宣讲会,缺少必要的锻炼,不能克服内心的恐惧,顿时就忘词了。意识到自身的不足,姚欣没有气馁而是有意识地按照梦想的道路锻炼自己。由于乐于帮助同学,在同学中有着良好的口碑,他在班长的竞争中脱颖而出。大学的班长生涯使他的领导力和组织力得到发展,这些锻炼在后来发挥作用。2006年,PPLive的营业陷入困境,最危险的时候现金储备只能支撑公司一个月的运营。姚欣只能到全国各地融资,他跑遍香港、深圳、上海、北京、广州的90多家风投机构。姚欣曾创下一天内预约7家风投机构,做7场演讲的纪录。正是在大学时担任班长的经历,锻炼了他的交际沟通能力和管理能力,改变了他内向胆小的性格。

姚欣在大学二年级时开始勤工俭学,一边打工,一边学习。幸运的是,他赶上国内单位信息化建设的大潮。姚欣得到了一个外包机会,3个月的打工让他赚了上万元。他开始体会到了商业的风险和甜头,渐渐产生了创业的念头。大学三年级,姚欣作为学校计算机高手组队参加湖北省计算机知识竞赛。因为自己的自傲而与冠军失之交臂。这次的失败成为他人生的宝贵财富,他开始反思自己,同时更加认真学习计算机知识,为他的创业奠定了扎实的专业基础。姚欣在大学第四年决定考研。尽管计算机是他梦想的启蒙者和寄托者,但当姚欣选择考研的那一刻,就当机立断把计算机束之高阁,不到考试结束绝不打开。因为他明白,纵然计算机改变了世界,但世界除了它还有更多的挑战,这些会使他更加强大。在研一的时候,姚欣就修完了本专业所有的课程,计算机的专业知识更加扎实了。

(二)创业之初获得了学校的支持

2004年国庆节后,刚读研二不到1个月的姚欣决定休学创业。在此之前他已经为创业做好了准备工作:大学期间就已经在学校的创业团队中积累了丰富的经验;通过学校组织的创业者聚会、大学生论坛、外出打工、浏览专业网站和社区论坛等多种渠道,积累了人脉;PPLive软件基本成形,创业已经是厚积薄发的结果。他的导师李芝棠教授对此表示支持,"不是每个人都应该读书,有的人就适合去闯天下谋大业。"这和李教授一直强调的"因材施教"非常契合。

创业之初,姚欣把华中科技大学的韵苑26栋寝室当成工作室,把华中科技大学计算机中心作为服务器托管,以团队的形式进行封闭式开发。2004年年底,PPLive 1.0 正式在韵苑 26 栋诞生。华中科技大学为了鼓励和引导在校大学生自主创业,在 2005 年成立了大学生创业指导委员会。现在,作为科技人才创业摇篮的"华科大现象"蓄势待发。

华中科技大学向来支持师生利用课余时间兼职创业,教师和科研人员离岗创业,从事与其相关的产业化工作,学校可以在 3 到 8 年内保留其原有教职工身份。学校知识产权作价出资获得的股权,学校可将 50%至 70%的股权奖励给成果完成人及其研发创业团队;另外每年拿出 1 000 万元作为科技成果转化基金,鼓励学校教师和科研人员的科技成果转化。有创业条件的学生(尤其是研究生)进行创新创业,学校还会在创业空间、创业课程、创新创业基金等方面给予一定扶持。在华中科技大学的政策支持下,营造了一个良好的创业氛围。

(三) 华中科技大学领先的理工科教育水平

创业的第一年,姚欣和团队每天需要工作 14 小时,日均休息仅 5 小时左右,在公司打地铺连夜突击搞研发对他们来说是家常便饭。最初的 PPLive 播出质量得不到保证,不清楚是网络本身的问题还是软件设计上的问题,每晚 9 点钟,网络在线人数达到高峰,PPLive 便会出现卡壳的现象,有时还会受黑客攻击,这使姚欣团队投入了更大的努力。付出终有回报,PPTV 很快在武汉地区传播开来。他的成功离不开个人的坚持和努力,也离不开学校强大的计算机师资力量。华中科技大学计算机科技与技术学院已成为中国计算机科学与技术领域人才培养和科学研究的一个重要基地,也培育出了很多杰出的人才。

(四) 华中科技大学强大的吸引社会资本的能力

2002 年世界杯,资深球迷姚欣因为学校宿舍没有电视,只能在学校电脑上用校内网观看比赛,而服务器因承载能力有限而经常崩溃。至此,姚欣有了制作电视共享软件的计划。在这段时间里姚欣获得软银投资人的 100 万元投资资金,加上后来陆续追加的和另外两个国际风险投资商,姚欣在五年时间内获得了接近 2 亿元的风险投资。2003 年非典时期,姚欣趁着那段特殊空闲,开始尝试将点对点技术和流媒体技术进行集成,依靠技术手段解决在互联网上观看电视节目的问题。凭借着华中科技大学的金字招牌,姚欣获得了创业起航的重要资金援助,虽然自己的股权在多次融资中被稀释了,但是姚欣非常自豪自己做出了改变世界的产品。

2005 年 3 月,世界级风险投资机构 SoftBank(软件银行)看中了 PPLive,

一个叫宋安澜的代表与姚欣联系，表示愿为其团队注资。那时姚欣的团队已经从寝室搬到校内山腰上的两间民房里，一间房作为开发工作室，另一间房是机房兼卧室。当宋安澜来到华中科技大学姚欣创业的地方，他看到的是酷暑天创业者们挤在一个狭小、不通风的房间中。虽然创业条件艰苦，但是他们工作热情高涨，充满了创业的激情和时代精神。这让宋安澜想起了自己在硅谷车库创业时的情景。不久，宋安澜对姚欣和其团队成员李翀发出到其公司"坐坐"的邀请，并随即送来两张飞往上海的机票。两周后，姚欣和李翀所乘坐的飞机在上海落地，当日下午6时多，双方签订第一份投资协议。从此，姚欣的创业公司进入了轨道，快速发展。

而姚欣并不是华中科技大学的创业学子成功吸引到社会资本的个例，还有很多学生吸引到了社会资本。2014年暑假，华中科技大学近年的毕业生在资本市场捷报频传。6月3日，华中科大电信系2011届硕士毕业生柯尊尧等创办的米折网获3000万美元B轮融资；7月16日，机械学院2005届硕士毕业生杨永智开发的海豚浏览器获畅游1.2亿美元战略投资；7月21日，软件学院2011届本科毕业生黄承松等创办的卷皮网获得5000万元的A轮融资⋯⋯这些融资案例的成功不仅是因为创业学子个人和团队的努力，也是因为风投看中了华中科技大学强大的科研基础和学生的创新能力。

（五）通过华中科技大学这个平台，姚欣结识了创业伙伴

姚欣千辛万苦考上研究生，却又决定在研二刚开始不久就休学创业。支撑他的一是自己的项目创意：让同学们在没有电视的校园里，从网上就能观看视频直播。"2002年的世界杯，对我影响很大。想看没处看，只好15个兄弟租一个宾馆房间看球。"在自己的兴趣激发下，他积累了PPTV的基础知识。二是，他有了良好的创业团队。2003年底，在兼职工作中认识的好友李翀认为PPTV是一个非常好的创业项目，凭借这个项目或许可以实现姚欣成为BILL YAO的梦想。一语点醒梦中人，在考虑周详之后，姚欣办理了退学手续，着手将一纸商业计划书变为现实。为了这个创意，他带领团队展开了一系列的技术探索。起初团队只有7个人，挤在一间几平方米的临时工作房。因为位置有限，他坐过前台；因为过年要看管设备，姚欣还当过保安；犒劳大伙儿的时候他去买吃的；姚欣也常常干行政工作。在艰苦的环境下，创业团队共同努力克服了一个又一个的技术难题。2004年，李翀加入了姚欣的初始团队。李翀比他年长13岁，曾经成功地开过几家公司，姚欣读本科时也到其公司打过工，深得李玙赏识,约定以后有机会一起干大事。姚欣休学后,就向李玙发出了共同创业的邀请。从此姚欣主内搞研发,李玙主外做市场,相互支撑共创互联网行业的神话。

(六) 华中科技大学创新创业的校园氛围

华中科技大学一直大力发展"精英教育",鼓励院士当本科生班主任,鼓励大学生在校或休学创新创业,并以朝世界一流大学努力为办学理念。在中国 IT 科技圈,"华科系"一直都是神话般的存在。"微信之父"张小龙、前百度 CTO 李一男、淘米庄园汪海兵、海豚浏览器杨永智、PPTV 创始人姚欣等都是从这里走出来的。华为作为中国最大的跨国通信公司,有 30% 的员工来自华中科技大学。更让大家震惊的是这所学校的创业传统,它成为许多投资人或投资公司的关注点。据不完全统计,由华中科技大学毕业生创立的创业公司已超过百家。前段时间,福布斯中文版发布"2015 年中国 30 位 30 岁以下创业者榜单(30 Under 30)",其中有 3 位入选者是华中科技大学毕业生,占到总数的 10%,在全国高校中只此一家。

五、陈伟星创业案例

陈伟星,2003 年进入浙江大学建筑工程学院学习,丰富的大学生活培养了他的创业兴趣,锻炼了他的创业能力。2006 年 8 月,正读大学三年级的陈伟星与同学东拼西凑了 17 万元,合伙创办了杭州泛城科技公司。短短四年,他创办的这个原本只有 10 人的游戏公司,发展为拥有 200 多名员工、年营业额达 1 亿元的网游开发公司,跻身杭州游戏公司中的前三甲,还在上海、北京拥有了分公司。而陈伟星也获得了浙江省大学生创业之星、浙江省改革开放 30 年来的群英代表等诸多称号。但是,陈伟星并不为眼前的成就而停下奋斗的脚步,2012 年,快的在陈伟星的努力下推向市场,获得了阿里巴巴的融资。2013 年 10 月,快的的市场份额位居第一。

(一) 丰富的大学实践生活奠定了陈伟星的创业基础

陈伟星出生在浙江绍兴,当地深厚的文化底蕴和浓厚的商业氛围赋予他与众不同的创业基因。高中毕业后,陈伟星利用暑假的时光做起了小生意。2003 年,进入浙江大学后,他加入了浙江大学的学生科学技术协会。2004 年,陈伟星凭借自身的突出表现,在大学二年级就担任了浙江大学学生科学技术协会主席,并负责组织了浙江大学两届"蒲公英"创业计划竞赛。通过组织创业竞赛活动,陈伟星的管理知识和管理实践得到了充分的结合,体会到了浙江大学学生对于创业的激情,也激发了陈伟星的创业热情。同年12月,陈伟星创办了浙大《科创》杂志,并且担任编委会主任。这份杂志寄托了陈伟星的创业渴望,并且为陈伟星积累了更多的创业管理经验。凭借自身的领导能力和天生的感染力,陈伟星担任了两年的协会主席,举办了上百个活动,他的组织能力也得到了一次又一次的锤炼。

在此期间,陈伟星还成功游说了一位美籍华人为浙江大学的创业教育投资,牵头成立了浙大第一笔创业扶持基金。这为很多有创业意愿和创业项目的同学提供了机会,陈伟星也因此在校园内赢得了更多的尊重和赞赏,他的身边也聚集了更多的潜在创业人群。丰富的学生活动锻炼了他的组织能力和交际能力,开阔了他的视野,帮助他结识了众多的志同道合之士。

(二) 浙江大学"求是,创新"精神的影响

1897年,屡遭外敌欺凌的中国人积极探索救亡图存的道路,各地先后创办了一些以学习西方现代科学技术为主要内容的新式学堂,浙江大学的前身求是书院就是其中之一。学校在创办之初就提出了办学目的:"居今日而图治,以培养人才为第一义;居今日而育才,以讲求实学为第一义",寄托了对形成实事求是学风、培养经世致用人才的强烈希冀。1936年至1949年,竺可桢作为著名气象地理学家、教育家担任国立浙江大学校长。他把自求是书院起形成的优良校风进一步发扬光大,确立了"求是"校训。1979年4月,时任浙江大学校长的著名科学家钱三强在全校师生员工大会上明确提出:"除了求是精神外,还应加上创新两字。要养成创新的习惯,适应不断发展的需要。"逐渐形成的"求是,创新"的校训,影响着浙大学子形成实事求是、严谨踏实、奋发进取、开拓创新的精神。

浙江大学的"求是,创新"在陈伟星身上烙下了深重的印记:陈伟星一直不甘于平庸,勇于打破常规,他很喜欢阿尔贝特·施威茨尔在《创业宣言》里的一段话:"我怎会甘于庸碌,打破常规的束缚是我神圣的权利。只要我能做到,就赐予我机会和挑战吧,安稳与舒适并不使我心驰神往。"这也是他对浙江大学校训的深层理解。在他的心中有一条准则:创业必须要有创新。在陈伟星之后的创业生涯中,他一直恪守这个准则,虽然前期遭遇了很大的挫折与困难,但是最终由于坚持不懈和持之以恒的产品创新,他获得了一次又一次的创业成功。浙江大学的创新精神已经融入到了他的血液之中。

(三) 学校对于创业的支持和鼓励

浙江大学将"创业学校"作为学校的定位。1999 年,成立了创新创业实验班,先于国内各高校,较早注重创业管理的教育。浙江大学十分注重创业实践,已经举办了 17 届的"蒲公英"创业计划竞赛,现已发展成为在校内外具有广泛影响力的创新创业类比赛,是最受大学生欢迎的学生活动之一,也是浙江大学学生和校友创业教育、创业实践的重要平台,激励了众多的浙大学子创新创业。陈伟星更是组织和策划了学校的"蒲公英"创业计划竞赛,见识到学校对有发展潜力的创业项目的支持,在活动中受益匪浅。"浙大有一个很好的氛围,综合性的教育,鼓励创业精神,让我沉浸其中。"陈伟星认为,也许正是这种氛围给了自己一种心理暗示,"让我在潜意识里觉得,自己一定能行。"

虽然陈伟星的专业是土木工程,但是他对电脑和互联网很感兴趣。在兴趣的激发下,陈伟星在浙江大学自由的氛围中刻苦自学了计算机,牢固掌握了计算机的相关知识。并且他打算学以致用,为此他和几个同学打算开发一个社交工具。对此浙江大学很支持,并且给了陈伟星他们 2 万元作为研发经费。但是由于缺乏一个良好的技术团队和号召力,最终,项目失败。同年,Facebook 上线,但陈伟星根本上不去国外的网站。那时候他和很多人一样不知道马克·扎克伯格和社交网络是什么。但就是凭借着满腔热血和学校的支持开始了人生中的第一次创业。好几年,陈伟星对做校园社区的事还在心底有个不小的情结。虽然这次的失败让陈伟星尝到了失败的痛苦,但这并不能阻止陈伟星前进的脚步,相反,他意识到了自己的创业需要一个良好的运作团队,光靠个人的力量是不可能创业成功的,他学会了包容和直面人生的失败。这一次的创业实践也为他日后的成功奠定了基础。

(四) 浙江大学受到浙商经商传统和阿里巴巴公司的影响

浙江大学地处杭州,这里不仅是被誉为"大陆之狼"——浙商的起源地,历来经商氛围浓厚,而杭州也是中国最大的国际化互联网公司的根据地,马云已经成为这座城市的代名词。阿里巴巴和马云吸引了很多有创业意向的个人和团队前来落户创业,杭州积极的创业氛围也影响到了浙江大学。浙江大学的国家科技园就设立在阿里巴巴总部的附近,不仅很多浙大的师生在此共同创业,也有很多外来人员慕名前来。陈伟星个人就很崇拜马云,他首创的"快的"App 就是得到了马云的赏识而获得了大量的资金支持。

(五) 校园内良好的创业氛围的带动

根据最新统计,浙江大学毕业生的创业率高达 4.61%,在中国高校中排名第一。浙江大学众多创业成功的案例激励着学弟学妹们实践自己的创业梦想:毕业于浙江大学畜牧专业的田宁创办了盘石计算机网络有限公司,这是中国首批大学生企业之一;超级课堂的创始人杨明平在大学三年级的时候就与同学一起经营了一家年收入 200 万元的火锅店。

浙江大学是一个自由又充满学术氛围的大学,而杭州又是有着悠久商业历史的城市。在校内校外浓厚的创业氛围的影响下,陈伟星的创业意识越发浓厚。2006 年,正值网络游戏发展的初步阶段,国内网游也进入群雄纷争、激烈竞争的"战国时代",陈伟星瞄准了网络游戏领域,按捺不住创业的冲动,义无反顾地冲入网游开发比拼中。

六、王锐旭创业案例

王锐旭出生于广州汕头,就读于广州中医药大学的中药资源与开发专业。他在大学三年级时创办了自己的互联网公司,刚毕业 6 个月左右,他的公司便已经获得第二轮天使投资以及千万级的 A 轮融资,公司估值过亿元。2015 年,这位 90 后与其他几位代表跟李克强总理进行互动交流,并且积极参与支持政府工作,提出自己的建议。

(一) 广州中医药大学丰富多彩的课余生活

很难想到曾经的王锐旭是一个问题少年,他流连于网吧,沉迷在虚拟世界中,逃课、吸烟、喝酒成了他的常态。但是原本富裕的家庭因为公司经营不善,面临破产倒闭,同时欠下了高额的债务。学业上的失利和家庭的贫困让王锐旭开始正视自己的所作所为,意识到自己不能为家庭改善现状,他在父母的鼓励下认真学习,决定挑起家庭的重担。最终他凭借自己的努力考上了广州中医药大学。

刚进入大学,王锐旭对大学生活充满了迷茫,也许王锐旭就会这样按部就班地读书毕业,找工作。但是一个不经意的小事会变为命运的转折。2011 年的"五四",广州中医药大学召开十大风云人物颁奖,邀请来自不同专业的优秀学长、学姐给学弟学妹们传授成功经验。听了优秀师兄的经历后,王锐旭看到他们不仅学业上有所成就而且在其他方面也有突出的表现,他恍然大悟:大学生活并不是只有死读书,还有很多其他多彩的活动。这次活动为王锐旭打开了新世界的大门,他从"金字塔"中走出,开始积极接触社会,思考人生的更多途径。于是,他开始参加各种社团,有意识地锻炼自己。在大学二年级时他凭借自己的主动性和责任心担任一个社团的外联部部长,一年内就为社团拉了近4万元的赞助费。同时,他还不忘认真学习,大学四年获得五次奖学金,积极参加志愿者活动并多次获得优秀志愿者称号,在首届广州青年创意创业大赛上表现杰出并以第一名成绩脱颖而出,在"2014挑战杯"上荣获广东省创业实践金奖,斩获"粤港澳"移动互联网设计大赛一等奖以及校药膳大赛一等奖等近40个奖项,而且获得了创新创业训练项目国家、省级立项各一项。王锐旭在学业和工作上表现得同样优秀,这样的品质值得每一个当代青年学习。

此外,王锐旭为了减轻家庭负担,还在大学期间做过很多兼职工作:做保安、摆地摊,甚至做模特经纪人。2012年2月,王锐旭利用寒假的时间和几位朋友一起到广州白云机场中南局当保安,那时候长时间的站岗与通宵更坚定了他对自主创业的追求。在寻找兼职工作的过程中他也经历了多次欺骗,如"交培训费""交兼职服装费""交钱办打工卡"等等,这些惨痛的经历不仅丰富了王跃旭的人生阅历,让他意识到了校园生活和社会是不同的世界,并在兼职工作中锻炼了自己的沟通交际能力,也让他看到了大学生兼职的商机。王锐旭开始思考:利用自己对于大学生群体的了解优势,构建起企业与大学生之间的桥梁。很快,他开启了组建创业团队的艰苦道路。丰富的社团经历使得王锐旭意识到,校外大企业都想打通高校市场和人才资源,却找不到有效途径。利用这个机会,王锐旭筹备成立了校园推广团队,而且渐渐萌生做"兼职猫"的计划。

(二)广州中医药大学"精诚济世"的校训影响

王锐旭出身中医药专业,受到学校"精诚济世"的教学氛围的影响,他一直希望能够做一些对社会有价值的事情。大学四年,王锐旭参加了许多次学院三下乡和专业三下乡志愿者活动,而且参加诚济服务队义诊和长洲义工服务等活动20多次,总服务时间达到300多个小时。可以说真正做到了一边艰苦创业,一边回馈社会,服务社会。所以,他放弃报酬优厚的工作岗位,希望通过兼职猫帮助更多的同学们勤工俭学，积累社会实践经验，促进大学生就业。在2013年成立广州九尾信息科技有限公司时，他便将公司使命定为"促进大学生就业、引领大学生创业、坚定公益性事业"。2014年，王锐旭设立了一个前置招聘平台，对传统的兼职行业做出颠覆性创新。现在兼职猫下载量多达上百万，据每天的平台流量记录，通过兼职猫找到合适的工作的用户过万。兼职猫的出现为大学生们提供了一个能够提前接触社会实践的平台。目前兼职猫已经获得国内知名风投机构的两笔超过千万元风险投资，九尾科技也成长为将移动用户终端开发、高校渠道资源利用和信息咨询服务整合为一体的高科技、综合型企业。

作为一名创业青年，他非常清楚自己应该传播爱心思想，服务社会。2012年7月，他带领魔灯举办废旧物回收捐赠活动、魔灯科普三下乡等爱心活动，获得了2012年中国科普志愿者团体三等奖，同年设立了魔灯爱心常务小组，定期进行爱心义诊与养老院探访活动，旨在将爱心事业发扬光大，让更多人参与进来。而同时，作为创始人的他不忘完善魔灯这个创业平台，着眼公益创业，他经常说，希望九尾和魔灯能够实现更多人的创业梦，让更多的同学能够尽早得到创业的机会。

（三）广州中医药大学的创业政策支持

广中医数字家庭基地是一个孕育了无数创业者的地方，虽然外观与普通教学楼没有太大区别，但里面有大大小小各个行业的公司，承载了许多创业青年的梦，其中的创业者就包括王锐旭。

王锐旭创办的公司就在这里。100平方米的办公面积，如果是在市区，每月的房租就要花费过万元。在他创业期间，孵化基地和学校在公司登记注册、办公地点租金、企业交流对接等很多方面给予了他很多帮助。事实上，像王锐旭这样的创业者只是广州中医药大学资助的大学生创业者中的一个。仅仅2011到2012年这一个学年，该校已经拥有42个创业项目，其中正式注册成立公司的有5个，增加了24个就业岗位和153个勤工助学岗位。学校已有青年创业实践基地两个，院级创业实践基地三个，还有在建的"学生创业实践园"。此外，学校对大学生创业教育大量投入，并做出政策上的支撑。学校设立了创业投资基金，给学生在经济上提供支持。同时，建立健全创业教育体系，例如开设创业知识相关培训课程，编写《大学生创业教育实用教程》教材，为学生提供创业教育实践和孵化资金，还依托企业旗下的门店开设创业实践平台。

同时，学校开展了一些关于创新创业品牌的活动，如中药学院举办的"药膳烹饪大赛"、经济与管理学院举办的"中医药产品设计大赛""风华国贸"模拟市场和电子商务竞赛等，这些活动的成功举办不仅有学校的功劳，更和学生热情的参与密切相关。

（四）校园处于商业气息浓厚的广州，具有良好的创业氛围

广州中医药大学地处于广州，这里一直是中国商业氛围非常浓厚的城市之一。广州历来是中国中西交融之地，清末就有很多广州人离开故土，到东南亚经商。1990年出生的王锐旭，就属于这片土地。潮汕人融于血脉的重商、崇商的基因也同样在他身上烙下深深的印记。

校园内也受到潮州人重商的影响，《中医类本科生创业意愿的影响因素探究——以广州中医药大学为例》中的调查问卷的结果显示，表示"有意愿，且已经有明确规划"的有61人，占总人数的6.03%，"有意愿，但没有明确规划"的有647人，占总数的61.00%。

2012年5月，王锐旭和几位志同道合的朋友交流了对媒体的认识以及创业想法，大家一致决定共同创业，取名"魔灯团队"。创业初期他们为了团队的发展常常开会到凌晨三四点，甚至遭到学校保安的驱逐。创业启动资金不足，为后面的事情埋下艰难的种子，他们只能选择向死而生。王锐旭从团队文化和执行力打开局面，逐步推广他们的创业团队，让团队"魔灯丝"作为先进文化被大家了解学习。在团队的共同努力下，他们的运营情况渐渐转好，提供的活动策划与推广服务逐渐成熟、专业，各种成功案例令更多客户决定与"魔灯"合作，"魔灯"渐渐成为耳熟能详的品牌。"魔灯"也从一开始的2个人发展至81位成员，名副其实地成了广州大学城内最大最亲民最专业的推广团队。

因为丰富的校园传媒工作经验，王锐旭发现广告业务只是在为其他企业服务，但他自己团队的前景却并不乐观。2013年6月，王锐旭搭上移动创业的便车，由于对互联网兴致勃勃，他在手机应用的开发上全力以赴做出成绩。但是王锐旭的专业是中医，如何跨界搞互联网？王锐旭有着初生牛犊不怕虎的精神。2013年8月广州九尾信息科技有限公司在他手上正式成立。同年12月，他在广中医数字家庭基地租下100平方米的办公室，公司的技术部就诞生于此。除他以外的仅有的8位团队成员精通电脑，在如此困难的条件下，他依然很快拿下第一笔融资，虽然资金只有3万元，但这为团队成员带来了莫大的鼓励与经验。新公司的业务准备从他最熟悉的"兼职"入手，受众主要针对大学生，充分利用手里已有的兼职人员基本信息和对兼职有需求的客户。尽管兼职网站在当时并不少见，但王锐旭认为专业软件少之又少，且信息有很大缺漏，甚至有很多虚假信息。后期调研才发现有不少类似 App，其中大众点评、美团等都已较为成熟，意识到实力悬殊，他只能在创新中求生存。王锐旭所收集的招聘信息主要来源于互联网，同时通过数据手段过滤虚假兼职信息，并开辟用户投诉渠道。

凭借外力和多方面的资本运作，"九尾科技"应运而生。作为创始人，他郑重定下了九尾科技"带动毕业生就业，引领大学生创业，坚定公益性事业"的社会责任。同年 9 月，公司第一款产品，名为"兼职猫"的 App 正式上线。作为一款私人定制版的兼职信息的推荐引擎，"兼职猫"在短短几天内收获了 4 000 的下载量，产品一炮走红，各大投资方慕名而来。目前该产品已经更新了 App 版本、轻应用版本和 Web 版本，采用区域加盟的形式带动了长沙、武汉等多个大学生创业团队近 30 位大学生实现创业理想。2014 年 4 月，王锐旭带领的"兼职猫"项目在广州青年创业大赛中受到多家风投机构的关注，一举拿下一等奖。

七、案例分析小结

通过上文的案例描述，可以对这 6 个大学衍生企业的创业路径进行归纳和整理。

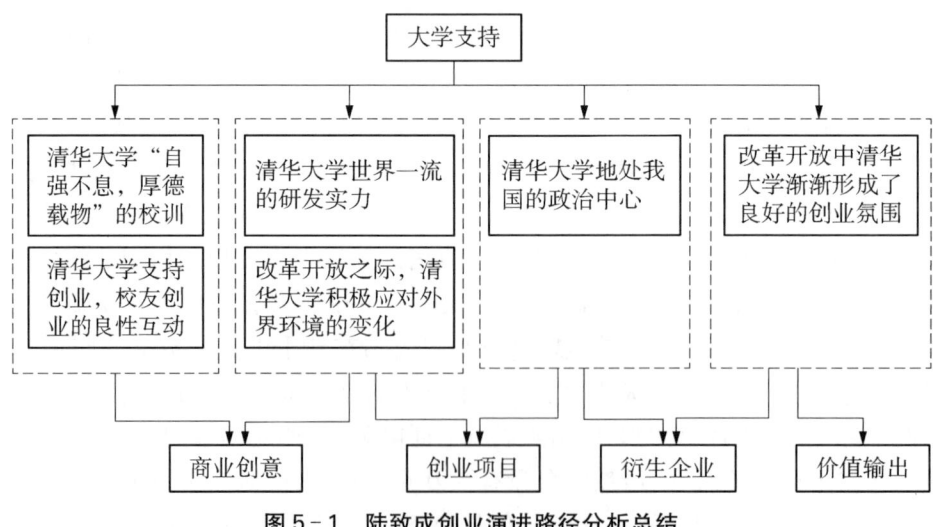

图 5-1　陆致成创业演进路径分析总结

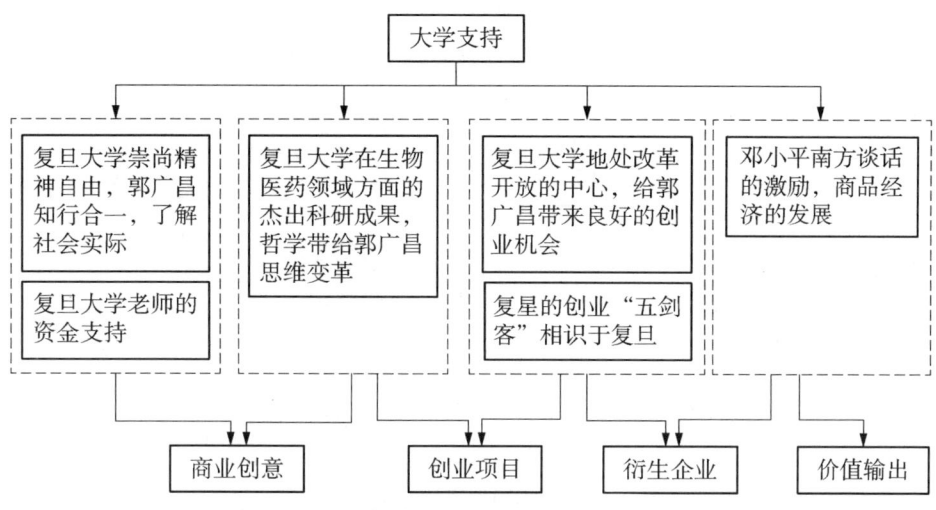

图 5-2 郭广昌创业演进路径分析总结

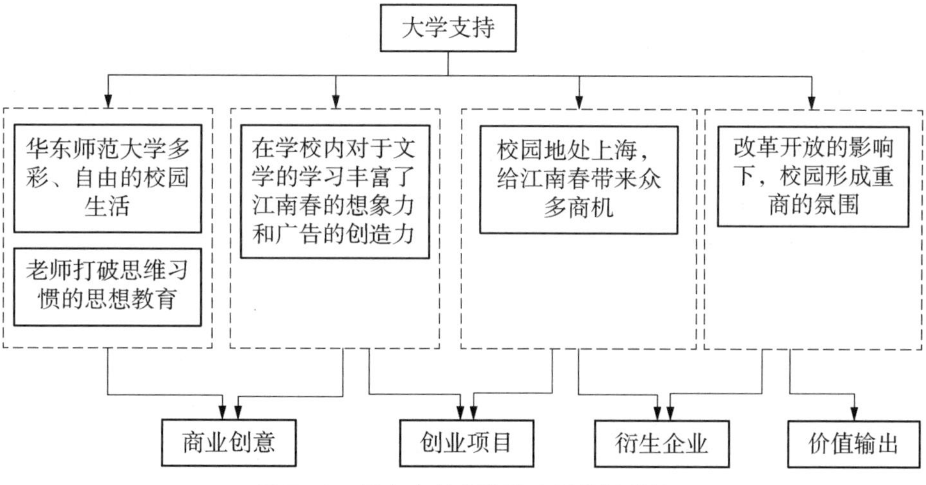

图 5-3 江南春创业演进路径分析总结

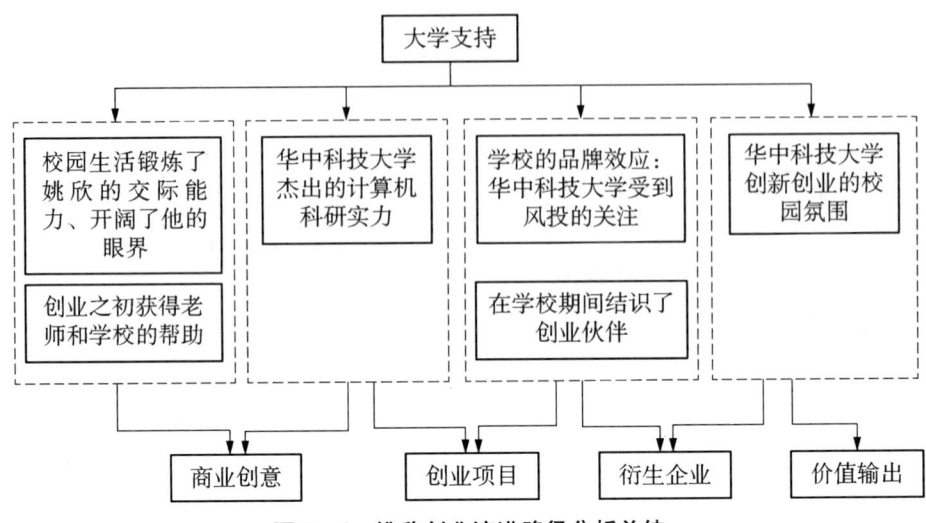

图 5-4 姚欣创业演进路径分析总结

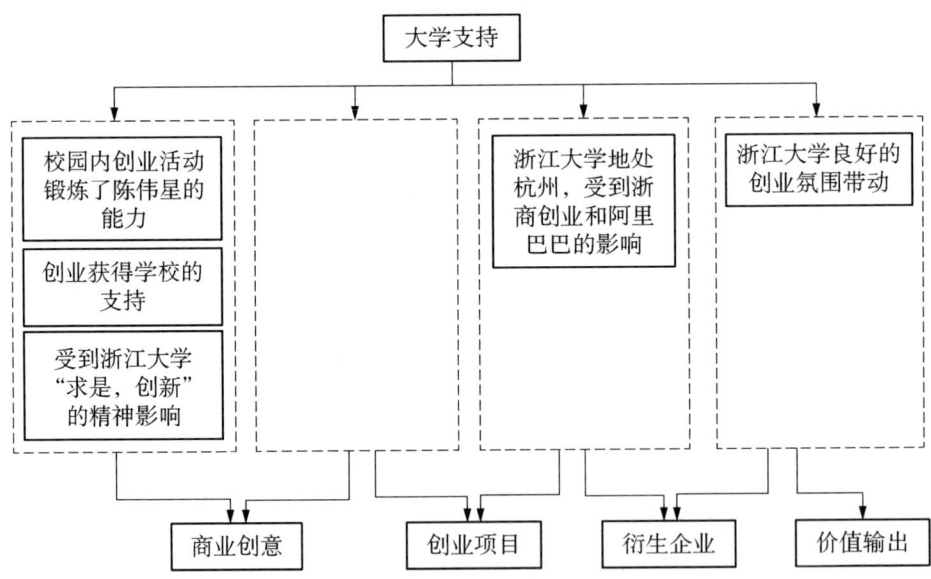

图 5-5 陈伟星创业演进路径分析总结

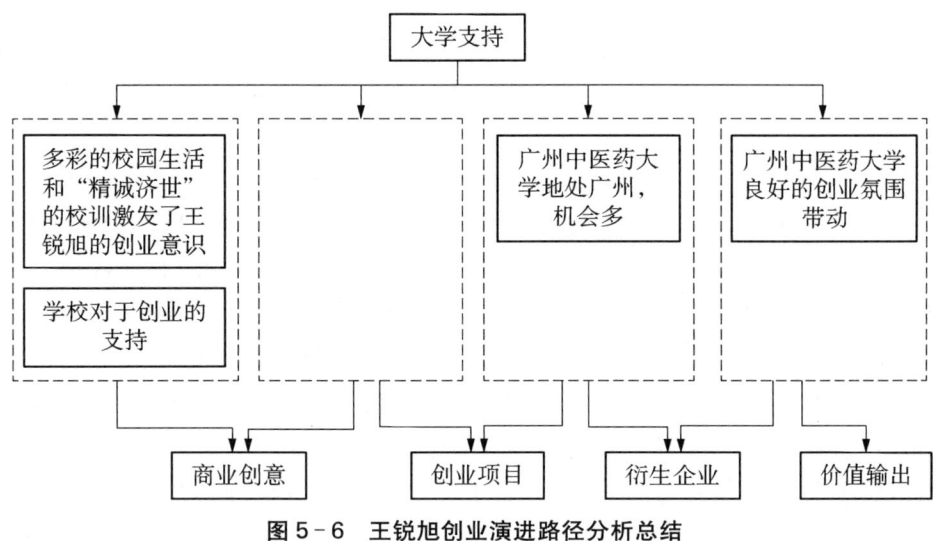

图5-6　王锐旭创业演进路径分析总结

第二节　案例的异同点分析

一、案例的不同点分析

首先,大学衍生企业的创业时代背景不同。六家大学衍生创业企业的初创阶段都处于中国改革开放后的时期,但是在不同的市场改革开放的程度和经济发展的程度下,大学衍生企业的创业类型和发展状况存在差异。

陆致成在1989年开始创业,处于中国改革开放的初期。当时国家百废待兴,经济的萧条和科技的落后激发了清华同方的快速发展。在国外计算机科技快速发展的状况下,清华同方以清华大学的科研实力为基础,攻克了一个又一个的技术难题。同时清华同方还在其他国家需要的领域中也有所发展。

郭广昌和江南春在邓小平南方谈话春风的影响下,激发了创业的斗志,迅速投入到创业中去,抢得发展的先机,市场经济开始蓬勃发展,国家重视经济的发展,生物制药领域、房地产行业、文化传媒产业都呈现蓬勃发展的趋势。郭广昌就是抓住了生物制药这个领域迅速发展的时机,继而进入房地产等多个潜力巨大的行业。文学专业出身的江南春既有诗人的情怀又有商人的精明,他抓住了淮海路形象工程建设的机会,在大学三年级的时候就投身于创业事业中,赚取了人生的第一桶金,为之后分众传媒的发展奠定了基础。

姚欣、陈伟星和王锐旭都是在互联网快速发展造富的时代背景下投身互联网行业,抓住了市场机遇。姚欣在 2004 年时开始研发 PPTV 的技术,他想改变一代人的生活,让大家可以在电脑上看电视直播,为了创业他选择了休学,在艰苦卓绝中获得了巨大的成功。陈伟星在浙江大学时就成立自己的公司,经历了多次失败之后才终于发现打车软件市场的空白,他迅速抓住机会开发出快的软件,填补了这块市场空白。王锐旭身为 90 后,已经有了自己的公司,他结合自身的经历,想让更多的大学生及时方便找到兼职和工作,不再受不良中介和公司的欺骗,首创了"兼职猫"手机软件,为大学生兼职提供便捷。

其次,大学衍生企业创业者的专业方向未必影响创业方向。在不同时代,成功的创业者的创业项目往往与时代发展的需求相关。郭广昌在复旦学习的是哲学,但是他创办的复星集团发展的重点行业却是与之无关的生物制药、房地产、能源等行业。哲学带给郭广昌的是思维的变革力量。江南春从小就对文学感兴趣,在华东师范大学学习的是也是汉语言文学,当时也是学校里有名的诗人,但是最终他却在广告行业创造了自己的一番天地。21 世纪后的创业者,大部分都将创业突破口放在了互联网上,21 世纪是互联网高速发展的时代。所以,姚欣、陈伟星和王锐旭的创业的方向都是互联网。其中,陈伟星和王锐旭学习的都不是计算机相关的科目,但是他们敏锐地把握到了市场发展的潮流,紧跟时代主题,再加上自己对互联网知识的刻苦钻研,最终取得了创业的成功。可见,大学衍生企业创业者的学习专业不一定与创业方向有关。

二、案例的相同点分析

虽然这六个案例的创业者有着不同的学校背景、不同的地域背景以及在不同的行业创业,但是这六个大学衍生企业的创业者的创业路径仍然有一些共同点,主要体现在以下三个方面。

(一) 大学衍生企业创业的成功与学校的支持密切相关

对于刚刚从高中苦读生涯中脱离出来的学生来说,学校对于学术和创业的态度影响深远。在本章的六个大学衍生企业的创业案例中,我们都发现了学校对于学生创业的支持,或是精神上,或是物质上,减少了学生创业的资金、技术、场地等方面的困难。郭广昌就是利用老师提供的 3.8 万元开启了他的创业之旅,没有这 3.8 万元也许郭广昌会成功,但是很可能已经失去了很多机会,因为原始的资本积累是一个缓慢的过程,创业需要大量的资金投入,而创业的机会是不等人的。陈伟星在大学二年级的时候就获得了学校 2 万元的创业赞助,虽然他的项目失败了,但是这更加点燃了他的创业激情和斗志。郭广昌在企业发展到一定阶段后将企业的未来发展重点定在了生物制药方面,将复旦大学生命科学院研发的一种新型基因诊断产品——PCR 乙型肝炎诊断试剂成功投入市场,获得了他人生中的第一个 1 亿元。陆致成与同方奋斗发展的过程中,清华大学的科研实力和科研成果一直是他们坚实的后盾。

(二) 大学衍生企业创业的成功与创业者在校园内的实践活动密切相关

大学是一个小社会,架起连接校园与社会的桥梁,也是一个人从懵懂少年蜕变为有为青年的圣地。积极投身于校园实践活动对一个创业者人生观、价值观的塑造,沟通表达领导能力的培养,人际关系和人脉的积累有着重要的影响。通过在校期间组织的一南一北两次旅行,郭广昌得以直接与社会最底层人们接触,目睹南北各城市的状况让他更贴近社会,贴近国家,清晰了自身定位;在目睹了浙江经济发展飞速、市场开放的情景后,他和同学梁信军一起萌生了创业的想法。江南春进入华东师范大学后积极竞选学生会主席一职,在众人的帮助下,江南春的演讲技巧、表达能力以及执行能力得到了提升,为他日后创业并且立足商界打好坚实基础。之后,更是通过勤工俭学以自己扎实的文学功底在广告创意方面初露锋芒,赚到钱的同时萌生了经商的想法,并投身于广告行业中。读本科期间,姚欣帮一个单位做外包项目,开始体会到了商业的风险和甜头,渐渐产生了创业的念头;作为学校计算机高手组队参加湖北省计算机知识竞赛为他的创业奠定了扎实的专业基础;参加学校的创业团队,在团队中积累了很多创业经验和管理经验;在学校读书的 5 年里,姚欣通过学校组织的创业者聚会、大学生论坛、外出打工、浏览专业网站和社区论坛等多种渠道,认识了大量不同类型的人,为创业储备了近在身边的人才圈。陈伟星进入浙江大学后凭借突出表现担任了浙江大学学生科学技术协会主席,负责组织了浙江大学两届"蒲公英"创业计划竞赛并带领组织上百个活动,组织和管理能力得到锤炼,激发了陈伟星的创业热情;他创办了浙大《科创》杂志,积累了很多的创业管理经验;陈伟星还成功游说了一位美籍华人,牵头成立了浙大第一笔创业扶持基金,为很多有创业意愿和创业项目的同学提供了成功的机会,赢得了同学尊重和赞赏,丰富的学生活动锻炼了他的组织能力和交际能力,开阔了他的视野,结识了众多的志同道合之士。王锐旭进入大学后参加各种社团,有意识地锻炼自己。在大学二年级时他凭借自己的主动性和责任心担任一个社团的外联部部长,一年内就为社团拉了近4万元的赞助费。为了减轻家庭负担,还在大学期间做过很多兼职工作,兼职工作的辛酸苦辣磨炼了他的意志也为他打开了一扇创业大门,"兼职猫"应运而生。

(三) 校园创业氛围激发了大学衍生企业创业者的创业意愿

清华大学积极顺应时代发展的潮流,采取了多项改革的措施,在此影响下陆致成产学研相结合的想法也越来越强烈,随着清华大学的对外学术交流和思想碰撞的增加,陆致成的学术积累愈加深厚,为他的创业奠定了学术基础。对外交流的增加,让陆致成打开了眼界,把志向投向了更加广阔的空间。浙江大学的毕业生创业率颇高,陈伟星也正是在这种校园创业氛围的激励下,勇敢地迈出了自己实现理想的第一步。

第三节 大学衍生创业演进规律分析

一、核心问题

问题一:大学如何通过自身的影响提高创业意愿
问题二:大学如何借助自身的资源禀赋提高创业成功率
问题三:在新技术新业态背景下,大学如何通过自身的知识、人才、氛围的溢出效应提升创业绩效

二、研究假设的检验

六个案例在学校各个影响因素下表现各不相同,下面通过分析比较各影

响因素对六个案例的具体作用以及案例的具体表现,验证并深化模型。

(一) 假设一:学校的功能定位、育人理念以及政策支持对商业创意的形成产生促进作用

随着知识经济时代的到来,知识产业化趋势不断深化,大学对自身社会服务功能、所处创新价值链位置的全面审视愈来愈显示出重要的现实意义,为进一步更好发挥大学社会经济功能,中国大学原本简单的教书育人的定位逐渐丰富起来,逐渐由传授知识的单一职能转变为传授知识、科技研发和服务社会三位一体的复合职能。大学职能的根本性变革对商业创意形成产生促进作用。1985年中国实行科技、教育体制改革,1999年中国实行高校校办企业改革,这十多年来,中国大学衍生企业从无到有,发展迅速,可以说是大学衍生企业发展的黄金时期。中国的大学衍生企业也从"校办工厂"转变成为"科技型校办企业"。2001年清华和北大两校作为改制试点,中国高校科技企业改制之幕正式拉开。清华大学"产学研结合"的定位、"技术+资本"的战略方针促成清华科研人员将科技成果和人力资本与市场相结合,成功孵化出一批举足轻重的高科技企业,更培育出一批优秀的高科技领军人才。陆致成所在的同方正是在这样的氛围下以"科教兴国"为己任,积极探索高科技产业发展之路,取得不断成功。

大学育人理念在无形中影响着学生的商业创意。本研究的六个案例中的大学衍生企业的创业者在他们的大学中都积极参与校园活动,并且从中锻炼了自己的能力、开拓了自己的视野、接触了社会实际,渐渐从象牙塔中走出,形成或加深自己的创业念头。陆致成在清华任教的时候带领学生考察自己曾经下乡的地方,发现当地经济发展依旧落后。他意识到作为一个老师并不能很快改变中国当前落后的局面,决心实业报国。复旦大学的教学理念是"宽口径、厚基础、重能力、求创新"意在培养学生专业知识和技能,同时关注学术科创、社会实践等,郭广昌在复旦读书就开始做小生意承担自己的学费,锻炼了自己的经商技巧。留校任教后,他在一次去浙江的考察中发现浙江经济发展领先,深感大学没有社会开放,激发了他的创业念头。江南春在大学中积极参与校园活动,锻炼自己的口才,表现出了自己杰出的组织能力。

大学政策和措施的支持主要体现在以下几方面:(1)大学出台相关政策鼓励并扶持大学生创业,营造创业氛围和营商环境;(2)通过市场化机制联合企业及政府打造创业实践基地、创业孵化器等;(3)提供资金保障,设立创业专项基金,对有科研实力和符合市场化的项目提供创业基金,扶持企业成长;(4)构建完善的创业教育体系,开设系列讲座和沙龙,聘请专业导师组织创新创业训练项目;(5)举办创业大赛,激发创业活力并进行创业指导等。大学政策和措施支持能激发师生的创业热情,减轻创业团队的困惑和负担,让创业者共享创业资源并形成良性竞争,最终对商业创意的形成产生促进作用。

(二)假设二:学校的学科体系建设、研发能力、应对外界变化的能力对商业创意的形成和创业项目的确立产生促进作用

学科体系建设影响到学校的专业能力培养、综合知识传授以及学科优势等方面,这些会对创业者的创业潜能产生潜移默化的影响。知识和技术资本是创业资本中除了资金以外最重要的部分,而这类资本大部分来自学校的学习。创业课程的授课和实践能将创业思想种在潜在创业者思维之中,于潜移默化中提升创业者创业所需的一些能力。而学校的学科优势,如清华的电子工程,复旦的传媒、生物制药等能在创业过程中帮助创业者接触到知识、技术等专业方面的优质资源及最新的研究成果,也能帮助创业者紧跟潮流,开拓创业思路。其他与教育相关的制度如学分制、导师制等也会对商业创意形成产生一定程度影响。交叉学科可以为创业者带来更丰富的知识信息并能结合其他学科的专业人才组建合理团队,增加创业成功概率。

新技术研发能力对商业创意的形成和商业项目的确立起到很大作用,尤其是在互联网、物联网、大数据引领的信息技术时代。郭广昌创立的复兴集团就是利用生命科学院一种新型基因诊断产品——PCR 乙型肝炎诊断试剂介入生物医药产业挣到了企业第一个 1 亿元。姚欣团队利用华中科大强大的计算机技术和研发能力带领团队在研发 PPlive 过程中将点对点技术和流媒体技术进行集成,以技术手段来解决在互联网上观看电视节目的问题,最终获得资本青睐和创业成功。陈伟星由于对互联网和计算机的兴趣在浙江大学自学计算机相关知识并和同学合伙开发计算机软件开始创业,虽然有过失败,但他吸取教训,后来开发出"快的"App,并得到马云的赏识和资金支持。

对外界变化应变能力强的大学能随时感知行业和社会形势,及时调整学校的教学政策和内容,始终把握市场趋势,分享社会进步的成果。20 世纪 80 年代改革开放的大幕拉开,在邓小平讲话的影响下,作为改革开放前沿的上海受到巨大的思想和现实的冲击,社会主义市场经济形势渐渐在人们心目中活跃起来,坐落在上海的各高校也感受到了影响。

(三)假设三:学校的大学吸引资本的能力、大学的创业课程培训、社会关系网络对创业项目的确立和大学衍生企业形成产生促进作用

学校吸引社会资本的能力具体表现在大学的校友资源、获得外界投资和各方支持以及社会知名度等方面。大批优秀的校友可以为学校和师生提供较多的投资渠道和深厚的社会关系网,对于刚从校园里走出来的初创企业来说是非常难得的资源。清华大学培养的众多商界领袖,例如张朝阳、王小川、邓峰、倪正东等在成名后积极反哺学校,而陆致成正是因此受益,开始了自己的创业之路。

大学的创业课程培训也对校内有创业想法的同学起到了一定的启发和激励作用。学校通过创业论坛、媒体报道等多种形式把创业成功的例子介绍给学生。通过与创业者的密切交流,学生进一步了解创业的艰辛以及成功的喜悦,积累宝贵的创业经验。学生可以在创业培训中学到商业社会的一些原理和经验,在借鉴前人经验的基础上少走弯路、错路,帮助自己更好地创业。

(四)假设四:学校的再教育能力、校园氛围、周边产业集聚效应对大学衍生企业的形成和价值输出产生促进作用

大学的继续教育学院能够为社会各类成员提供多层次、多形式、高质量的终身学习服务,取得良好的社会效益,能成为大学实现"教育服务社会"的重要载体和有效途径。包括继续教育在内的多样的教育方式有助于企业家在企业决策中有更好的表现,从而对企业的财政政策、质量成本管理情况、风险资本、资本结构有积极作用。另外,大学的再教育能力越高,大学的高新技术、前沿思想也能更快地传达给社会,从而衍生企业的企业家能够及时掌握信息,对于企业的技术创新也有促进作用。

产业集聚效应是企业在特定区域内的集中分布。一个地区内的产业集聚可以为新企业诞生创设有利的环境,通过规模经济的效应降低相应的共同生产成本、提高区域知名度等,推动当地经济增长,并使新创立的企业降低成本,作出更优的企业决策。

表 5-1 影响商业创意形成的六个案例相关因素梳理表

	同方	复星	分众	聚力	泛城	九尾
大学功能定位		将所学知识转化为社会效益,社会实践培养社会责任感	兼容并蓄,鼓励创业			
大学育人理念	"自强不息,厚德载物";清华人奋发图强,勇往直前,争创一流,包容万物	强调学习与活动的结合,学生工作的锻炼能力;鼓励相互交流,结识创业团人组	打破习惯性思维,培养想像力和颠覆式思维	因材施教;发展"精英教育";鼓励创业	"求是、创新"精神,自由又充满学术氛围	"精诚济世"校训激发创业意识
大学政策支持	建设科技园为科技成果转化提供平台、课题组老师可以到科技园将项目产业化;举行大学生创业计划大赛;成立清华百年发展基金	老师为其筹措3.8万元资金	创业项目资金补助;允许休学创业;获得"创业学分";开设创业课程;举行创智PK大赛	成立了大学生创业指导委员会,集中优势资源扶持大学生创业团队;允许教师保留教职工人员身份离岗创业	校园创业活动锻炼能力并得到学校支持	建有创业孵化基地,青年创业实践基地,大学生创业实践园等;设立创业投资基金,建立创业教育体系;推出创新创业品牌活动
大学学科体系建设	理工科,工商管理,电子信息工程等学科优势;在热能工程系暖通空调专业的科研成果转化成为创业保障	专业教学培育理性思维;生物学科优势使公司受益	文学学习丰富了想像力和创造力	先进的理工科教育水平;计算机专业优势明显		经管、医学、针灸推拿等优势学科,多次下乡义诊服务社会,激发创业想法

续表

	同方	复星	分众	聚力	泛城	九尾
研发能力	清华大学多次承担国家重大的科研项目,获奖数量和专利数量均居全国高校之首;陆续成的研究成果多次获得国家及省、部级科技进步奖,这也为他的创业奠定了技术、知识基础	利用生命科学院一种新型基因诊断产品——PCR乙型肝炎诊断试剂介入生物医药产业		在研发 PPlive 过程中将点对点技术和流媒体技术进行集成,以技术手段来解决在互联网上观看电视节目的问题		
大学应对外界环境变化的能力	2001年中国高校科技企业改制之幕正式拉开,清华大学积极顺应时代发展的潮流,采取了多项改革的措施。在此影响下,陆致成的想法也越来越强烈,并就此创业	在邓小平讲话的影响下,作为改革开放前沿的上海受到巨大的思想冲击,市场经济渐渐活跃起来,坐落在上海的各高校受到了思想的震撼。人们开始渐渐崇拜起商人			浙江大学地处杭州,受到浙商创业传统和阿里巴巴的影响	广州商业氛围浓厚,潮汕人重商,崇商基因带动大学生创业意愿

三、大学衍生创业演进路径

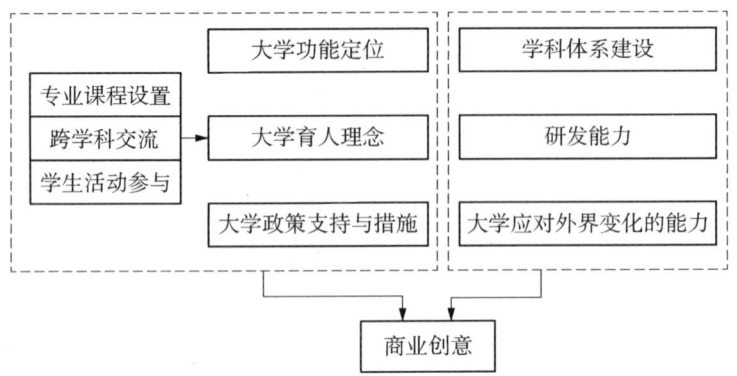

图5-7 影响大学衍生创业商业创意形成的相关因素归纳及验证

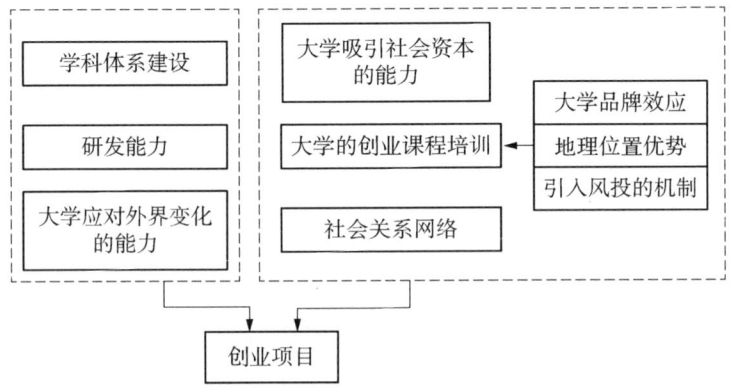

图5-8 影响大学衍生创业项目建立的相关因素归纳及验证

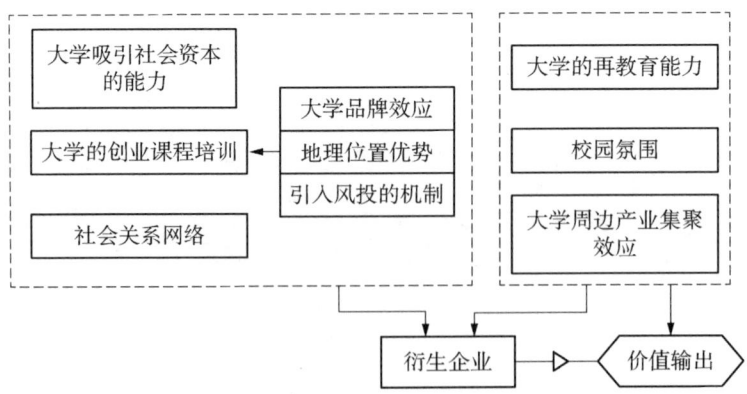

图5-9 影响大学衍生企业成立与价值输出的相关因素归纳及验证

通过对六个大学衍生企业的跨案例分析，验证以下影响因素对大学衍生创业的演进路径发挥着至关重要的作用：

（1）大学的功能定位

（2）学校的育人理念

（3）大学政策支持

（4）学科体系建设

（5）研发能力

（6）大学应对外界变化的能力

（7）大学吸引社会资本的能力

（8）大学的创业课程培训

（9）社会关系网络

（10）大学的再教育能力

（11）大学周边产业聚集效应

（12）校园氛围

第四节　本章小结

本章开展了多案例研究，对六家大学衍生企业的创业案例进行了深入分析，找出了大学衍生企业的创业路径，并验证了研究假设。通过多案例的总结和比较，详细探讨了大学衍生创业的核心问题、演进路径及重要影响因素。

第一，在商业创意形成过程中，大学的功能定位、育人理念以及政策支持等方面影响商业创意的形成。大学的定位、理念与政策起到重要作用，通过长期积累、潜移默化的创新、包容、鼓励、进取文化的作用在商业创意中表现出来。这些因素的作用决定了商业创意能在多大程度上得到激发并转化为实际行动。

第二，在创业项目建立过程中，学校的学科体系建设、研发能力和应对外界变化的能力对创业项目的确立产生促进作用。学校的学科体系与研发能力会在一个相当长期的过程中影响创业者的创业技能和创业素养，是创业项目成功建立的重要专业基础。同时学校应对外界变化的能力影响到学校及学生对当前创业形势的感知和反映，这在新技术新业态的背景下，对创业项目前景的判断、成功率提高方面有着巨大作用。

第三,在大学衍生企业创办过程中,大学吸引资本的能力、大学的创业课程培训、大学的社会关系网络对创业项目的确立和大学衍生企业形成产生促进作用。大学利用独有的资源禀赋为大学衍生企业提供信誉保障、创业相关技能培养机会和社会关系网络,这为企业尤其是初创企业融资带来极大的帮助,对于提高初创大学衍生企业的存活率有显著的促进作用。

第四,在大学衍生企业价值创造与输出过程中,大学的再教育能力、校园氛围和大学周边产业集聚效应对大学衍生企业形成和价值输出产生促进作用。大学衍生创业的价值输出主要体现在为社会提供更优质的产品与服务,大学的再教育和校园氛围为企业家吸收前沿思想、做出更好的决策提供了支持。而大学周边的聚集效应能为企业降低成本,提高效率。这些因素都有利于大学衍生企业更好地提高创业绩效和创造价值。

本章讨论了大学衍生创业路径的规律,并研究了大学对于其衍生企业的创业演进过程中的影响,为大学如何利用自身优势提高创业意愿、创业成功率以及创业绩效等问题提供了思路。

第六章 大学衍生创业的实证分析

第一节 调查研究的设计

调查研究是描述性研究的一种,通过有目的、有计划地搜集研究对象的材料,观察原始材料,从而对其形成科学认识。调查研究含有调查和研究两个有机联系的过程。调查,即用科学的方法搜集研究对象相关的客观事实材料;研究,即对搜集来的客观事实材料进行整合与分析。由于其科学性和严谨性,在实证分析中得到了广泛应用。通常,调查研究法主要有以下几个优点:(1)不受时间和空间的限制。在实证研究中,观察法只能是一种事中观察,即所观察的对象必须是正在发生的事情;而调查法既可以是事中调查,又可以是事后调查,对于已经发生的事情也可以从相关当事人那里获取信息和资料,在此基础上加以研究和分析。另外,必要时可以突破地域限制对研究对象进行调查。(2)研究效率高。在调查法下,可以通过实际发放问卷和借助网络信息平台,由于本课题研究对象主要为创业的年轻人,基本能够在网络信息平台上接触到我们需要的调查人群,能在短时内收回大量有效数据,效率更高。鉴于这两个优点,本章通过调查研究方法来进行实证分析。

本研究的一条主线就是大学各因素对衍生创业的影响。主要涉及新模式和新技术驱动下产生的商业创意模块、衍生创业执行阶段的创业项目模块、衍生创业启动阶段的衍生企业模块和衍生创业强化阶段的价值输出模块。当然,大学支持贯穿于上述几大模块。

第二节 调查研究的实施步骤

此次调查研究建立在大量的文献阅读和案例分析基础之上。首先通过查阅并仔细研究文献，找出与大学衍生创业相关的各因素，设计问卷。问卷中的相关问题都需以现有研究为参考系，经过严格筛选，仔细琢磨措词，尽量使受试者能轻易抓住问题的关键，有效作答。在本次研究中，分为模拟预测试和正式测试两轮。前期的预测试，受试者容量不在于多，主要目的是根据测试结果对问卷问题进行适当调整和修改，确保其相关性和可靠性。后期的问卷发放过程，则需要考虑样本容量的客观性和离散性，受试者数量庞大且分散，问卷将发放到各省，邀请众多创业相关者参与测试。

其次，根据回收的有效数据，进行数据分析和计量。此部分也是实证分析的核心和重点。本次研究主要采用最小二乘法原理下的回归分析，使用计量软件eviews8.0进行测算。当然，计量结果不是一蹴而就的，需要不断修正，于是进行各项结果检验也尤为必要，通常有P检验，T检验，F检验和R的平方检验等方法。当然，如果多项检验均未通过，但是数据的真实性和客观性又不容侵犯，则可以变换模型形式，直到各项检验均达到标准为止。采用最小二乘法进行数据分析和处理主要由于其形式灵活，富有弹性，可以根据研究目的适当变换函数形式，高度的灵活性和可调整性是结构方程模型所不能比拟的。

最后，分析结果，得出结论。根据事先设定的假设和前提，将数据分析的结果直观展示出来，并指出研究尚需改进的地方和具体建议。让读者对大学衍生创业各因素之间的具体关系有进一步了解，也为后续研究提供参考。

第三节 变量设计

一、因变量设计

商业创意(business ideas)，其衡量指标主要有：
BI1——向竞争者和合作伙伴学习的能力。Fernando E. Alvarez、Francisco

J. Buera、Robert E. Lucas，Jr. (2013)①等指出，商业创意是可以通过会议和聚会形式传播的，并且新创意的产生取决于向竞争对手和合伙人的学习能力。

BI2——个人的创新能力。Ufuk Akcigit、Murat Alp Celik、Jeremy Greenwood②等指出，商业创意可以在专利市场上进行买卖，如果自己不具备创新能力的话，那么可以在市场上买入和企业相关的一些新创意。

BI3——个人的学术研究能力。Steven N. Kaplan、Berk A. Sensoy、Per Strömberg③等指出，一些生物技术公司的商业创意主要来自学术研究。

BI4——工作经验的积累(从之前从事过的工作中受到的影响)。Steven N. Kaplan、Berk A. Sensoy、Per Strömberg 等指出，一些非生物技术公司的商业创意主要来自创立者在之前工作中的一些想法。

创业项目(business project)，其衡量指标主要有：

BP1——政府税收减免政策。Albert Gailord Hart 等④指出，一个好的创业项目部分取决于是否为政府税收减免的项目。

BP2——风险情况。Robert Parrino、Allen M. Poteshman、Michael S. Weisbach 等⑤指出：一个项目的提出必须考虑其风险，一般来说，投资者都是风险规避的。

BP3——竞争力。Sam Schueth 指出，一个创业项目具有良好的竞争力通常更能吸引投资者的青睐。

BP4——盈利情况。Z Irani 等⑥指出，成本和收益通常是投资者是否投一个项目最关键的因素。

衍生企业(Spin-off companies)，其衡量指标主要有：

SC1——企业的财政政策(财务杠杆系数大小)。Vikas Mehrotra、Wayne

---

① Alvarez F E, Buera F J, Lucas R E Jr. Idea Flows, Economic Growth, and Trade [C] NBER Working Papers, 2013.
② Akcigit U, Celik M A, Greenwood J. Buy, keep, or sell: Economic growth and the market for ideas [J]. Econometrica, 2016, 84(3): 943-984.
③ Kaplan S N, Sensoy B A, Strömberg P. What are Firms? Evolution from Birth to Public Companies [C]. SIFR Research Report Series, 2005.
④ Hart A G, Government measures designed to promote regularization of business investment [J]. National Bureau of Economic Research, Inc, 1954.
⑤ Ju N, Parrino R, Poteshman A M, et al. Horses and rabbits? Optimal dynamic capital structure from shareholder and manager perspectives [R]. National bureau of economic research, 2002.
⑥ Z Irani, Investment evaluation within project management: an information systems perspective [J]. Journal of the Operational Research Society, 2010, 61(6): 917-928.

Mikkelson、Megan Partch 等[1]指出,企业有更大的财务杠杆系数的话就会带来更多的现金流。

SC2——成员的企业家才能。Raymond W. Smilor 等[2]指出,大学衍生出来的企业当前和未来的经济发展主要取决于企业的创新、质量成本管理和企业家才能。

SC3——质量成本管理情况。Raymond W. Smilor 等指出,大学衍生出来的企业当前和未来的经济发展主要取决于企业的创新、质量成本管理和企业家才能。

SC4——企业的技术创新。Raymond W. Smilor 等指出,大学衍生出来的企业当前和未来的经济发展主要取决于企业的创新、质量成本管理和企业家才能。

SC5——企业的风险资本。Robert Gertner、Eric Powers、David Scharfstein[3],以及 Celestine Chukumba、Richard Jensen 等[4]指出,风险资本是把企业和投资者连接起来的桥梁。

SC6——企业的资本结构。Amy Dittmar[5] 指出,根据资本结构权衡理论,支付债务的能力越强,企业的生命力就越强。

价值输出(value of output),其衡量指标主要有:

VO1——最终产品价格。Zeng Lisheng[6] 指出,价格即是价值输出的向量表现形式,价格的调整直接影响到企业的价值。

VO2——企业名声。Olivier Gossner[7] 以及 Vithala R. Rao、Manoj K.

---

[1] Mehrotra, V., Mikkelson, W., Partch, M., The Design of Financial Policies in Corporate Spin-offs [J]. Review of Financial Studies, 2003, 16(4): 1359-1388.

[2] Smilor R W, Dietrich G B, Gibson D V. The entrepreneurial university-the role of higher-education in the United-States in technology commercialization and economic-development [J]. International Social Science Journal, 1993, 45(1): 1-11.

[3] Robert Gertner, Eric Powers, David Scharfstein, Learning about Internal Capital Markets from Corporate Spin-offs [J]. SSRN Electronic Journal, 2002.

[4] Chukumba C, Jensen R. University invention, entrepreneurship, and start-ups [R]. National Bureau of Economic Research, 2005.

[5] Dittmar A. Capital structure in corporate spinoffs [J]. The Journal of Business 2004, 77(1): 9-44.

[6] Zeng L S, Effects of changes in outputs and in prices on the economic system: an input-output analysis using the spectral theory of nonnegative matrices [J]. Economic Theory, 2008, 34(3): 441-471.

[7] Gossner O. Simple bounds on the value of a reputation [J]. Econometrica, 2011, 5(5).

Agarwal、Denise Dahlhoff[①]指出,在市场的长期博弈中,有良好声誉的企业通常能取得更多的支付,品牌策略直接影响到成本和收益,是企业一种无形的财富。

VO3——生产力水平。Roland T. Rust 等[②]指出,为了提高企业利润水平,企业会使用自动化的机器设备来扩大生产,尽管自动化生产出来的产品质量可能不如劳动力手工制作那么精细。

二、自变量设计

大学功能定位,其衡量指标主要有:

a1——科学研究能力。Ernest Rudd[③]指出,大学的科研水平是将其与其他大学进行区分的一个重要因素。

a2——管理能力。刘向兵[④]指出,具有良好管理能力的大学通常更具竞争力。

a3——文化引领。Marja Häyrinen-Alestalo、Ulla Peltola[⑤]指出,市场导向型大学更能将文化知识和经济情况有效结合。

a4——人才培养。David Snedden[⑥]指出,好的名牌大学一般更能培养出高端技术人才。

a5——社会服务。Arild Tjeldvoll 等[⑦]指出,大学进行以社会服务为基础的市场研究将会为其带来收益。

大学育人理念,其衡量指标主要有:

---

① Rao V R, Agarwal M K, Dahlhoff D, How is manifest branding strategy related to the intangible value of a corporation? [J]. Journal of Marketing, 2004 68(4): 126-141.
② Rust R T, Huang M H. Optimizing service productivity [J]. Journal of Marketing, 2012,76(2): 47-66.
③ Rudd E. The research orientation of british universities [J]. Higher Education, 1973,2(3): 301-324.
④ 刘向兵. 大学核心竞争力概念辨析[J]. 中国人民大学学报,2006,2: 143-146.
⑤ Häyrinen-Alestalo M, Peltola U, The problem of a market-oriented university [J]. Higher Education, 2006,52(2).
⑥ Snedden D. Functions of the University [J]. Higher Education, 1931.
⑦ Tjeldvoll A, Holtet K. The service university in a service society: the oslo case [J]. Higher Education, 1998,35(1): 27-48.

b1——专业课设置的合理性。毛金[①]指出,综合性大学设置的专业很多,往往也能培养出多方面发展的人才。

b2——教学计划的有效性。毛金指出,好的大学通常具有专业的教学计划。

b3——学生活动参与情况。毛金指出,鼓励学生积极参加各项活动的大学更能培养学生的创新力。

b4——继续教育情况。毛金指出,以重庆大学为例,表明在进行成人高等教育时应注重教学质量。

大学政策支持,其衡量指标主要有:

c1——提供贷款。自行设计。

c2——创业培训。自行设计。

c3——创业机会的给予。自行设计。

c4——贷款担保。自行设计。

c5——专家指导。Ooi Yeng Keat 等[②]指出,一些积极鼓励学生创业的大学会为学生提供创业上的指导。

大学学科体系建设,其衡量指标主要有:

d1——优势学科。

d2——新学科扩展情况。

d3——学科体制机制创新。

d4——学科调整能力。

毛晓翔、韦志辉等[③]指出,通常,大学会发展主流学科,完善的学科建设应能及时调整和拓展新学科。

研发能力,其衡量指标主要有:

e1——研发经费投入。

e2——研发条件(场所、设备、资源、人员等)。

e3——构建团队能力。

e4——发挥学科带头人作用的能力。

e5——科研成果(论文的发表、技术、专利等的发明)。

---

① 毛金.成人高等函授教育质量管理的问题与对策[J].继续教育研究,2010,7:33-35.
② Keat O Y, Selvarajah C, Meyer D. Inclination towards entrepreneurship among university students: An empirical study of Malaysian university students [J]. International Journal of Business and Social Science,2011,2(4).
③ 毛晓翔,蔡芸,韦志辉.行业特色大学学科体系构建研究[J].现代教育科学,2013(9):52-55.

吴玉鸣、何建坤等[1]指出,这些因素的增强将会导致研发能力的提升。

大学应对外界变化的能力,其衡量指标主要有:

f1——与企业的密切性。

f2——变革能力。

刘叶[2]指出,鼓励学生创业的大学会加强与企业之间的联系。

大学吸引社会资本的能力,其衡量指标主要有:

g1——优质项目的数量。

g2——优秀的校友资源。

g3——项目宣传力度。

g4——大学的优惠政策。

g5——资金的正确使用性。

g6——大学知名度。

田伏虎[3]指出,这些因素将直接影响大学有效吸引社会资本的能力。

大学的创业课程培训,其衡量指标主要有:

h1——大学的品牌效应。自行设计。

h2——创新创业教育投入。自行设计。

h3——引入创业资源的机制。自行设计。

社会关系网络,其衡量指标主要有:

i1——校内网络平台提供创业信息。

i2——校内网络平台有助于结识创业伙伴。

i3——大学内部的人际网络(师生间、同学间)有助于获取有效的创业信息。吴江[4]提到人际网络与沟通交流是大学生获得创业信息的有效途径之一。

i4——大学内部的人际沟通有助于结识创业伙伴。

i5——大学内部的人际沟通(师生间、同学间)的沟通渠道十分通畅且有效。复星等案例中创始人都从同学间交流和学生工作中为创业积累了大量经验和能力;高校对学生沟通能力的培养能促进创业意愿的生成和日后衍生企业的发展。

i6——大学在新时期能够通过外部网络平台(如开心网等)提供有效的创

---

[1] 何建坤,孟浩,周立,等.研究型大学技术转移及其对策[J].教育研究,2007(8):15-22.
[2] 刘叶.创业型大学的发展之道:以沃里克大学为例[J].高教发展与评估,2010,26(5):85-92.
[3] 田伏虎.试论高等学校发展的定位[J].理论月刊,2006(9):90-92.
[4] 吴江.大学生利用网络搜集创业信息的能力培养[J].情报探索,2011(03):81-83.

业信息。吴江的一份调查表明,网络信息因为更新快、范围广、交互性好而成为创业信息搜索的首选。

i7——大学在新时期能够通过外部网络平台(如开心网等)帮助创业者结识创业伙伴。自行设计。

i8——大学与外部(与社会人士、校友)的沟通渠道能够提供有效的创业信息。董咏雪[1]指出,大学生所拥有的社会资本和关系网络在大学生创业就业方面的作用越来越重要。

i9——所在大学与外部(与社会人士、校友)的沟通渠道能够帮助创业者结识创业伙伴。自行设计。

i10——所在大学与外部(与社会人士、校友)的沟通渠道十分通畅且有效。自行设计。

大学再教育能力,其衡量指标主要有:

j1——深化改革能力。

j2——多方合作能力。

j3——教育创新能力。

j4——品牌建造能力。

j5——教育现代化程度。

李家强[2]以及孙晓园和张晓燕[3]以清华大学为例进行的案例分析。

大学校园氛围,其衡量指标主要有:

k1——所在的大学具有鼓励创新的传统。学习型组织理论中提到,当代大学应创造锐意进取、主动创新的文化氛围;李海燕[4]提到,创新创业教育是市场经济条件下高校培养高素质创业创新性人才的必然选择。

k2——所在的大学长期以来对于失败高度包容。皮尔斯的知识可谬论和汉娜·阿伦特提出的行动的不可逆性决定了需要宽容对待失败,承担失败的后果同时为新的行动开创可能。

k3——所在的大学一直以来鼓励同学师生之间平等交流。朱红[5]提出师生交流是促进高校学生学习和社会化的重要因素;2007年复旦成立大学生创

---

[1] 董咏雪.社会资本与大学生就业研究[J].辽宁行政学院学报,2011,13(3):128-129.
[2] 李家强.清华百年精神与继续教育发展[J].成人教育,2011,31(8):4-7.
[3] 孙晓园,张晓燕.继续教育——新世纪大学教育的重要使命[J].继续教育,2009,23(6):22-23.
[4] 李海燕.创新创业教育环境氛围营造[J].中小企业管理与科技(上旬刊),2011(1):154-155.
[5] 朱红.个性化深度辅导与首都大学生发展的实证分析[J].北京大学教育评论,2010,8(1):45-62.

业企业俱乐部以加强企业之间的经验分享与交流。

k4——所在的大学拥有众多在创新创业领域表现突出的校友。周建涛[①]认为校友是高校的一种独特资源优势,在促进产学研结合等方面都能发挥重要作用。

k5——所在大学的校训激励勇于创新并不断坚持。庄正风[②]认为大学在大学生价值观教育方面责任重大,校训则是大学价值观教育的最直观的体现。

k6——所在的大学能够从其悠久的办学历史和文化中汲取创新动力。向良喜[③]认为,大学文化是高校推动自身实现可持续发展的重要手段。

k7——所在的大学鼓励自尊自立、认真负责的态度。

产业集聚效应,其衡量指标主要有:

m1——周围的基础设施。

m2——周围的经济水平。

m3——周围已有产业带。

m4——周围企业的相关性。

m5——企业使用大学资源情况。

张小平、邓晓卫等[④],以及赵祥[⑤]、朱光龙[⑥]以中原城市群为研究对象,说明经济发展水平等变量是影响产业集聚效应的重要因素。

第四节 结果分析

本次研究首先做了 100 份样本的预测试,对上文设计的变量进行了有效性检验,结果显示这些变量皆为有效变量,都将作为调查的变量出现在正式问卷中。以下为预测试结果分析:

[①] 周建涛. 试论校友资源在高校发展中的作用[J]. 教育探索,2010(12):78-80.
[②] 庄正风,张丹. 高校价值观教育方法浅析[J]. 南京工业大学学报(社会科学版),2004,3(2):90-93.
[③] 向良喜. 高校文化的可持续发展浅析[J]. 山西师大学报:社会科学版,2006,33(z1):122-124.
[④] 张小平,邓晓卫,焦军彩. 基于集聚效应的产业布局优化研究[J]. 商业经济研究,2011(4):119-120.
[⑤] 赵祥. 集聚还是分散——兼论中国区域协调发展的策略[J]. 产业经济评论(山东大学),2010,09(3):93-115.
[⑥] 朱光龙. 城市群产业集聚效应实证分析——以中原城市群为例[J]. 商业经济研究,2014(30):132-134.

变量	维度	因子载荷值	测量指标	Cronbach's α 值
商业创意 KMO=0.776 Cumulative ％=73.245％ Cronbach's α=0.795	向竞争者和合作伙伴学习的能力	0.677	我擅长向他人学习	α=0.705
	个人的创新能力	0.787	我时常迸发出新想法	α=0.713
			我的视野广阔,想像力丰富	α=0.796
	个人的学术研究能力	0.852	我可以进行自主研究	α=0.672
	工作经验的积累	0.698	我在创业前积累了足够的工作经验	α=0.689
创业项目 KMO=0.786 Cumulative ％=74.356％ Cronbach's α=0.723	政府税收减免政策	0.798	我的创业项目符合国家税收减免政策	α=0.683
	风险情况	0.825	我的项目可以有效规避风险	α=0.756
	竞争力	0.771	我的创业项目能够在激烈的市场竞争中脱颖而出	α=0.621
			我的创业项目技术含量高,具有较高进入壁垒	α=0.785
			我的创业项目发掘了新的市场细分点	α=0.703
	盈利情况	0.864	我的创业项目目前盈利情况不错	α=0.712
			我的创业项目预期在未来可以有更好的发展	α=0.881
衍生企业 KMO=0.842 Cumulative ％=71.586％ Cronbach's α=0.756	企业的财政政策	0.677	我的企业有足够的资金周转来维持正常的生产经营	α=0.697
			我的企业收入增长稳定	α=0.723
	成员的企业家才能	0.714	我善于经营和管理自己的企业	α=0.694
			我的企业团队团结向上、分工明确、组织机构完善	α=0.723
			我的企业可以快速拓展新客户	α=0.686

续表

变量	维度	因子载荷值	测量指标	Cronbach's α 值
	质量成本管理情况	0.698	我的企业善于对成本进行有效控制和管理	α=0.741
	企业的技术创新	0.813	我的企业有技术创新的优势	α=0.713
	企业的风险资本	0.768	我的企业能在短期内偿还债务	α=0.777
	企业的资本结构	0.715	我的企业资金来源较少地依靠借款	α=0.874
			我的企业资产和负债比例控制在合理的范围内	α=0.792
价值输出 KMO=0.697 Cumulative %=71.594% Cronbach's α=0.738	最终产品价格	0.821	我的企业具有低成本生产的优势	α=0.789
			我的企业规模大、产品价格合理	α=0.763
	企业名声	0.745	我的企业口碑良好,品牌影响力大	α=0.846
			我的企业产品占有充足的市场份额	α=0.764
			我的企业产品具有广大的潜在用户市场	α=0.699
	生产力水平	0.712	我的企业业绩突出,盈利能力强	α=0.684
			我的企业生产效率高,产量大	α=0.756
			我的企业在不断发展的过程中具备了核心竞争力	α=0.683
大学功能定位 KMO=0.791 Cumulative %=76.354% Cronbach's α=0.689	科学研究能力	0.826	所在大学注重将科研成果转化为社会效应	α=0.768
	管理能力	0.697	所在大学可以对社会资源进行统筹协调管理	α=0.744
	文化引领	0.685	所在大学在先进文化的传播和引领方面具有带头示范作用	α=0.674
	人才培养	0.783	所在大学善于培养复合型人才	α=0.812

续表

变量	维度	因子载荷值	测量指标	Cronbach's α 值
大学育人理念 KMO=0.845 Cumulative ％=72.633％ Cronbach's α=0.746	社会服务	0.716	所在大学能提供良好的社会服务	α=0.766
			所在大学对所在区域的发展起到支撑作用	α=0.698
	专业课设置的合理性	0.748	所在大学专业课程设置合理	α=0.746
			所在大学注重通识教育与专业教育的融合	α=0.823
	教学计划的有效性	0.673	所在大学具备合理有效的教学计划（包括人才培养目标、基本规格要求、修业年限等）	α=0.722
	学生活动参与情况	0.755	所在大学积极鼓励学生参加课外实践活动	α=0.741
	继续教育情况	0.732	所在大学对社会人士开放培训课程	α=0.699
			所在大学擅长培养知识和能力并重的复合型人才	α=0.745
大学政策支持 KMO=0.816 Cumulative ％=76.989％ Cronbach's α=0.765	提供贷款	0.769	所在大学可以直接为师生提供创业贷款或创业基金	α=0.777
	创业培训	0.729	所在大学可以对学生进行创业培训	α=0.764
	创业机会的给予	0.691	所在大学可以为师生提供一些创业机会	α=0.811
	贷款担保	0.763	所在大学可以为师生的创业贷款提供无偿担保	α=0.684
	专家指导	0.747	所在大学可以在学生的创业过程中进行合理指导	α=0.766
大学学科体系建设 KMO=0.736 Cumulative ％=75.633％ Cronbach's α=0.743	优势学科	0.807	所在大学具备某些优势学科，是某些学科的领头人	α=0.759
			所在大学的学科设置与该区域的产业特色相辅相成	α=0.688

续表

变量	维度	因子载荷值	测量指标	Cronbach's α 值
	新学科拓展情况	0.799	所在大学经常拓展一些前沿的新兴学科,并对该学科的发展有导向性作用	α=0.749
	学科体制机制创新	0.765	所在大学比较重视学科体制机制的创新	α=0.768
	学科调整能力	0.672	所在大学能够根据实际情况的需要及时对各学科进行调整	α=0.745
研发能力 KMO=0.796 Cumulative %=73.142% Cronbach's α=0.714	研发经费投入	0.883	所在大学投入了充足的研发经费	α=0.765
	研发条件(场所、设备、资源、人员等)	0.679	所在大学的研发条件一流(设备、实验室、资源等)	α=0.714
			所在大学内部研究环境开放,能够实现资源共享	α=0.763
	构建团队能力	0.632	所在大学比较容易构建研发团队	α=0.706
	发挥学科带头人作用的能力	0.867	所在大学研发团队中的成员态度严谨,刻苦钻研	α=0.820
	科研成果(论文的发表,技术、专利等的发明)	0.852	所在大学科研成果丰硕	α=0.814
			所在大学的科研人员积极将研究成果转化为商业应用	α=0.763
大学应对外界变化的能力 KMO=0.709 Cumulative %=74.935% Cronbach's α=0.734	与企业的密切性	0.786	所在大学与企业接轨程度高,联系密切	α=0.740
	变革能力	0.787	所在大学的学科设置能够随着外界变化趋势而调整	α=0.763
			所在大学具备较强的管理变革能力	α=0.806

续表

变量	维度	因子载荷值	测量指标	Cronbach's α 值
大学吸引社会资本的能力 KMO=0.724 Cumulative %=76.388% Cronbach's α=0.741	优质项目的数量	0.756	所在大学有许多优质项目并建立了相关数据库	α=0.711
	优秀的校友资源	0.727	所在大学有大量优秀的校友资源	α=0.760
	项目宣传力度	0.649	所在大学对融资项目的宣传到位，与外界交流顺畅	α=0.741
	大学的优惠政策	0.789	所在大学享受很多财税优惠和减免政策	α=0.677
	资金的正确使用性	0.772	所在大学的资金用途明确	α=0.750
	大学知名度	0.753	所在大学远近闻名	α=0.734
大学的创业课程培训 KMO=0.763 Cumulative %=78.450% Cronbach's α=0.731	大学的品牌效应	0.746	所在大学的品牌具有一定社会知名度	α=0.691
	创新创业教育投入	0.733	所在大学已经开设创业教育课程，教学情况良好	α=0.684
			所在大学在创新创业教育方面已投入充足的师资力量	α=0.711
			所在大学的学生能够接触到的创新创业教育资源丰富多样	α=0.813
			所在大学鼓励学生积极主动参加科技活动和创新创业活动	α=0.742
	引入创业资源的机制	0.871	所在大学时常请创业成功人士和优秀校友来校开设讲座并分享创业经验	α=0.763
			所在大学经常开展创业研讨会、沙龙等	α=0.688
社会关系网络 KMO=0.942 Cumulative %=82.124% Cronbach's α=0.841	校内网络平台提供创业信息	0.800	我所在的大学能够通过内部网络平台（校内URP、校内网络社群等）提供有效的创业信息	α=0.824

续表

变量	维度	因子载荷值	测量指标	Cronbach's α 值
	校内网络平台有助于结识创业伙伴	0.695	我所在的大学能够通过内部网络平台（校内URP、校内网络社群等）帮助我结识创业伙伴	α=0.749
	大学内部的人际沟通能够提供有效的创业信息	0.883	我所在大学内部的人际沟通（师生间、同学间）能够提供有效的创业信息	α=0.815
	大学内部的人际沟通有助于结识创业伙伴	0.848	我所在大学内部的人际沟通（师生间、同学间）能够帮助我结识创业伙伴	α=0.806
	大学内部的人际沟通渠道顺畅且有效	0.739	我所在大学内部的人际沟通（师生间、同学间）的沟通渠道十分通畅且有效	α=0.775
	大学能够通过外部网络平台提供有效的创业信息	0.846	我所在的大学能够通过外部网络平台（如微信、微博等）提供有效的创业信息	α=0.776
	大学能够通过外部网络平台帮助结识创业伙伴	0.749	我所在的大学能够通过外部网络平台（如微信、微博等）帮助我结识创业伙伴	α=0.739
	大学与外部的沟通渠道能够提供有效的创业信息	0.869	我所在的大学与外部（社会人士、校友等）的沟通渠道能够提供有效的创业信息	α=0.791
	大学与外部的沟通渠道能够帮助结识创业伙伴	0.772	我所在的大学与外部（社会人士、校友）的沟通渠道能够帮助我结识创业伙伴	α=0.754
	大学与外部的沟通渠道畅且有效	0.831	所在的大学与外部（社会人士、校友）的沟通渠道十分通畅且有效	α=0.835

续表

变量	维度	因子载荷值	测量指标	Cronbach's α 值
大学再教育能力 KMO=0.795 Cumulative %=78.462% Cronbach's α=0.751	深化改革能力	0.826	所在大学善于探索继续教育规律,深化体制机制改革	α=0.772
	多方合作能力	0.723	所在大学注重开展多方合作,构建开放式培养体系	α=0.719
	教育创新能力	0.765	所在大学具备创新的教育培训模式	α=0.763
			所在大学组织再教育的部门或机构具有创新意识	α=0.781
	品牌建造能力	0.743	所在大学擅长培育精品项目和打造继续教育品牌	α=0.796
	教育现代化程度	0.742	所在大学再教育手段的现代化程度高	α=0.816
大学校园氛围 KMO=0.722 Cumulative %=73.018% Cronbach's α=0.709	大学具有鼓励创新的优良传统	0.708	我的大学历来具有鼓励创新的优良传统	α=0.776
	大学长期以来对于失败高度包容	0.676	我的大学历来对于失败高度包容	α=0.694
	大学一直以来鼓励同学师生之间平等交流	0.707	我的大学历来鼓励同学、师生之间平等交流	α=0.689
	大学拥有众多在创新创业领域表现突出的校友	0.813	所在大学有一批创新创业领域突出的校友	α=0.707
	大学的校训能够激励勇于创新并不断坚持	0.716	所在大学的校训激励我做一个诚信团结的人	α=0.746

续表

变量	维度	因子载荷值	测量指标	Cronbach's α 值
产业集聚效应 KMO=0.734 Cumulative %=76.215% Cronbach's α=0.779	大学能够从其悠久的办学历史和文化中汲取创新动力	0.671	悠久的历史和文化为所在大学提供动力	α=0.736
	大学鼓励自尊自立、认真负责的态度	0.792	所在大学激励我要自尊自立,认真负责	α=0.806
	周围的基础设施	0.872	所在大学周围的基础设施健全	α=0.749
	周围的经济水平	0.719	所在大学附近经济水平发达	α=0.736
			所在大学周围物价水平低、交通便利	α=0.709
	周围已有的产业带	0.775	所在大学周围已形成区域产业经济带	α=0.819
	周围企业的相关性	0.602	所在大学能够传授与周围产业发展相关的先进知识和技术	α=0.678
			所在大学附近的企业联动性强	α=0.714
	企业使用大学资源的情况	0.734	所在大学周围的企业能充分、合理利用大学资源	α=0.725

第七章 问卷调查结果及分析

本研究主要针对的是已经取得创业成果的大学衍生企业,所以问卷调查的对象选择为创业成功的企业,并且大部分企业创业已经成熟,经历的时间也比较长。这些企业都创建于改革开放之后,各个大学纷纷加入教育事业的改革行列中,调研企业分布在北京、上海、浙江、湖北、广东等处在改革最前沿的省市,所选取的大学也极具代表性。各企业创业时间长短不一,所处的时代背景和创业环境不尽相同,同方、复星和分众是改革春风下较早的一批创业公司代表,而聚力、泛城、九尾则是互联网时代的佼佼者。创业者中既有高校的老师、研究人员,也有在校学生,所选取的创业方向有基于自己大学所选的专业,也有不是大学所学专业,覆盖面较全面。此次调研历时半年多,用于调研访谈时间居多,调研问卷共发放2 156份,有效回收2 041份,其中29份无效问卷,共有2 012份有效问卷。

第一节 调查对象基本情况统计

此次调查有效问卷共2 012份,其中男性受访者1 376人(约占68.4%),已婚与未婚比例约为1∶2.85,样本按学历及行业划分得如下占比:

大多数创业者选择了软件行业、计算机行业、互联网行业(共825个样本,占41.0%)。

当今时代,互联网的相关产业正处于蓬勃发展阶段,属于新兴的热门产业之一,相较于传统的零售批发生产等需要较多的前期投入的行业,互联网行业资金门槛低、利润高,蕴含着巨大的商机,成为创业者集聚地。而节能环保、生物制药等行业因为国家鼓励扶持,也有不少创业者涌入这个行业。根据问卷结果,培训、咨询等服务业的创业者多于制造业的创业者,反映目前的创业企

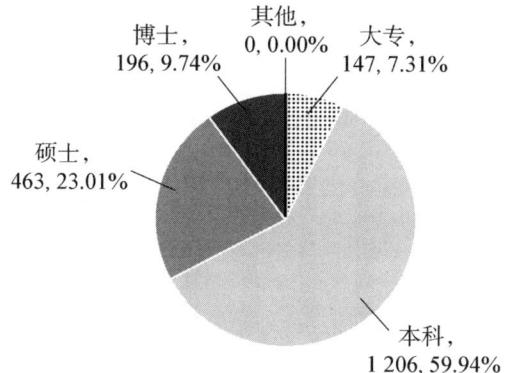

图 7-1 受访者学历分布比例

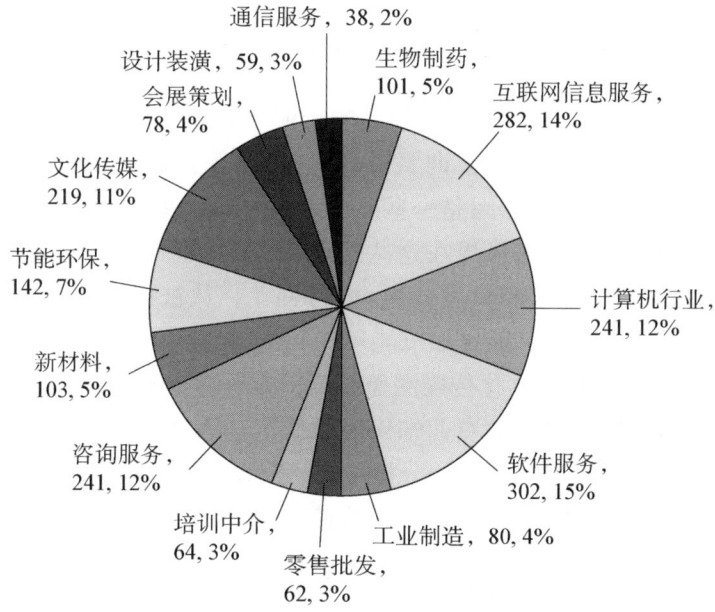

图 7-2 受访者行业分布比例

业重服务、轻制造的产业结构特点。总结来看,互联网、环保和服务行业是几个热门行业,共同的特点之一是注重知识技术的应用,另一个特点是创业成本较低或得到政府扶持,需要的资金投入少是创业者创业时需要考虑的重要因素。

依照样本的行业类别,被访者所学专业与创业所属行业的匹配情况见图 7-3。

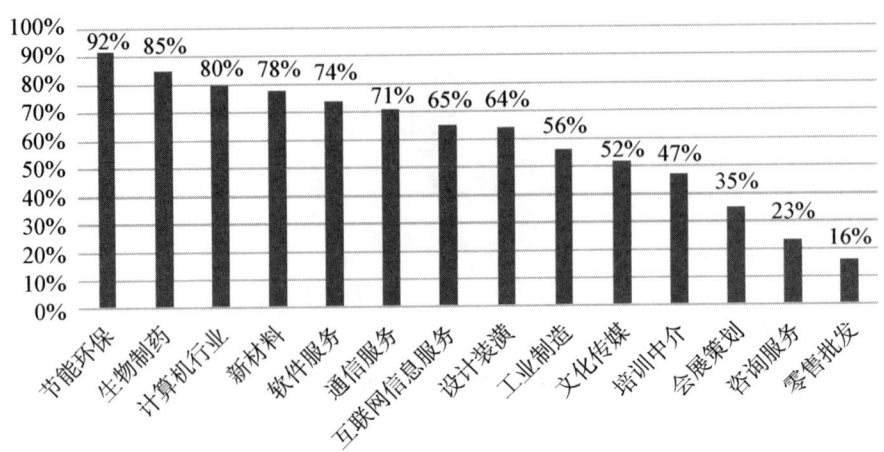

图 7-3 被访者所学专业与所处行业匹配程度

如图 7-3 所示,专业匹配度比较高的行业主要有节能环保、生物制药、计算机、新材料等行业,而策划、咨询服务、零售批发等行业的专业匹配度较低。我们认为这个现象的可能原因是一些行业存在技术壁垒,制药、环保、计算机等行业的技术壁垒较高,如果想在这些行业创业,就需要熟悉相关技术,在了解相关知识的基础上寻求和开发商机,进行创业。从被访者学历水平中也可看出行业的技术门槛的高低,比如节能环保和生物制药行业中博士、硕士占比达 78%。而像咨询服务、文化传媒涵盖的范围比较广,与之相关的专业界限难以界定,对技术等深奥复杂的专业知识要求低。从人文、社科、理科、工科四个大的范畴来划分,根据问卷结果的分析可知,咨询服务、文化传媒、零售批发行业创业者大多出自社会科学专业领域(见表 7-1)。

表 7-1	问卷研究对象的专业与行业分布情况			
	人文	社科	理科	工科
咨询服务	15%	72%	5%	8%
文化传媒	14%	55%	6%	25%
零售批发	22%	62%	3%	13%

我们认为大学的社科领域相较于人文和理科更偏于应用方向,可能更注重培养学生的通识能力,与社会需求结合更为紧密,对就业、创业可能都有促进作用,因此这可能也是非技术创业者大多来自社科大类背景的原因。

除此之外,从问卷调查结果中也可以得到,大学毕业生多将就业置于创业之前,我们认为这与社会传统观念以及舆论导向和大学教育有关,因此当期就业的难易程度对创业选择以及创业意愿有一定影响。但我们希望的是能有更多大学生能将创业作为首选,激发创业热情,自主选择创业,而不是在就业形势不理想的情况下被动选择。

而从创业地点来看,创业者主要分布在北京、上海、江苏、浙江、广州、武汉等地区。这些地区处于经济前沿,思想更开放,营商氛围更浓厚,且这些地区大学资源丰富,名牌高校集中,研发能力更强,便于科研技术的商业转化。制造、互联网、信息服务等行业的创业者来自的地方比较分散,这可能是因为受到行业特性的影响。文化传媒等行业对人脉、经验依赖性高,对技术要求低,这些行业中的创业者很多来自沿海地区。

从性别比例来看,创业者中女性相对较少,但分析结果显示,女性创业者所属的创业领域特征较为明显。591 位女性被访者中 316 位属于咨询服务、文化传媒、策划培训等行业。

第二节 量表的信度、效度检验

通过应用 SmartPLS2.0 软件工具对假设模型进行验证性分析。在运行之后,得到 PLS report。先检验数据的信度和效度见表 7-2。

表 7-2 大学衍生创业模型概念 AVE 值、复合信度及 Cronbach's 值

	AVE	Composite Reliability	Cronbach's Alpha
商业创意	0.7567	0.9467	0.8769
创业项目	0.7791	0.9635	0.8263
衍生企业	0.7012	0.9446	0.8475
价值输出	0.7632	0.9516	0.8897
大学功能定位	0.7675	0.8945	0.8436
大学育人理念	0.7426	0.8873	0.8772
大学政策支持	0.8374	0.9638	0.8127
大学学科体系建设	0.7645	0.9267	0.8534
研发能力	0.7896	0.9056	0.8243
大学应对外界变化的能力	0.7169	0.8946	0.8432

续表

	AVE	Composite Reliability	Cronbach's Alpha
大学吸引社会资本的能力	0.7364	0.9117	0.8646
大学的创业课程培训	0.7248	0.8896	0.8317
社会关系网络	0.8614	0.9728	0.8895
大学再教育能力	0.7639	0.9074	0.7926
大学校园氛围	0.7089	0.8795	0.8541
产业集聚效应	0.7378	0.8862	0.8213

  本研究从内部一致性、收敛效度、判别效度三个方面进行信度和效度检验。首先用复合信度来考察内部一致性。运用 PLS 方法,复合信度基于实际载荷来计算因子得分,能更好地反映内部一致性。正如表 7-2 中所示,本模型中,各个概念的复合信度(Composite Reliability)值均大于 0.7,这证明了量表的可靠性。收敛效度表明理论上相关联的量表问项在实际中相关的程度,考察聚合效度主要通过两种方法。一方面,通过问项在构念上的因子载荷来检验问项的可靠性。如表 7-3 所示,得到本次研究所有的量表的问项的因子荷载都大于 0.55。另一方面,考察构念的平均提取方差(AVE),如表 7-2 显示,本研究所有构念的 AVE 值都是大于极限值 0.5 的,表示量表的收敛效度良好。量表的判别效度要求平均提取方差(AVE)的平方根要大于构念之间的相关系数。表 7-4 给出了构念的相关系数以及各个构念的 AVE 的平方根,结果显示,每个构念的 AVE 的平方根都大于对应的相关系数,表明量表的判别效度也较好。

  表 7-4 中对角线值均为"1",但因需比较变量间的相关系数与平均提取方差(AVE)的平方根的大小,为方便起见故按照一般 PLS 的汇报格式,将对象线取值为 AVE 的平方根,网络与社区及学科体系建设这两个变量为构成性构念,聚合效度不适用于构成性测度项。一般认为可靠性指标不适用于构成性测度。这是由构成性构念的定义决定的。构成性构念的定义只是说它是一组测度项的一个综合指标,是一个加权和。这个定义并没有要求各个测度项一定要有基本相同的贡献或者相关性,所以所谓的内部可靠性或聚合效度的概念不适用。表 7-4 中,其他构念 AVE 值的平方根数值均大于与其他变量间的相关系数,显示了良好的判别效度。

表 7-3　各问项因子载荷

	商业创意	创业项目	衍生企业	价值输出	大学功能定位	大学育人理念	大学政策支持	大学学科体系建设	大学研发能力	大学应对外界变化的能力	大学吸引社会资本的能力	大学的创业课程培训	社会关系网络	大学再教育能力	大学校园氛围	产业集聚效应
BJ1	0.897566															
BJ2	0.857962															
BJ3	0.874546															
BJ4	0.921754															
BP1		0.904647														
BP2		0.921365														
BP3		0.934156														
BP4		0.902463														
SC1			0.890645													
SC2			0.90624													
SC3			0.875641													
SC4			0.916538													
SC5			0.943215													
SC6			0.876593													
VO1				0.924123												
VO2				0.903652												
VO3				0.911562												
a1					0.876542											
a2					0.889635											
a3					0.854679											
a4					0.835646											
a5					0.914263											
b1						0.935464										
b2						0.914287										
b3						0.884622										
b4						0.876958										
c1							0.886534									
c2							0.91263									

续表

	商业创意	创业项目	衍生企业	价值输出	大学功能定位	大学育人理念	大学政策支持	大学学科体系建设	大学学科研发能力	大学应对外界变化的能力	大学吸引社会资本的能力	大学的创业课程培训	社会关系网络	大学再教育能力	大学校园氛围	产业集聚效应
c3			0.896563													
c4			0.865874													
c5			0.875462													
d1				0.90365												
d2				0.863655												
d3				0.875644												
d4				0.913263												
e1					0.895645											
e2					0.874534											
e3					0.863547											
e4					0.876541											
e5					0.846561											
f1						0.914334										
f2						0.876566										
g1							0.956462									
g2							0.914557									
g3							0.895611									
g4							0.852136									
g5							0.884658									
g6							0.874441									
h1								0.914564								
h2								0.884566								
h3								0.835561								
i1									0.956412							
i2									0.954443							
i3									0.942237							
i4									0.943286							
i5									0.905466							

续表

	商业创意	创业项目	衍生企业	价值输出	大学功能定位	大学育人理念	大学政策支持	大学学科体系建设	大学科研发能力	大学应对外界变化的能力	大学吸引社会资本的能力	大学的创业课程培训	社会关系网络	大学再教育能力	大学校园氛围	产业集聚效应
i6													0.953218			
i7													0.902547			
i8													0.895564			
i9													0.852135			
j1														0.91232		
j2														0.925889		
j3														0.944471		
j4														0.825646		
j5														0.874234		
k1															0.899417	
k2															0.912335	
k3															0.878866	
k4															0.824667	
k5															0.895664	
k6															0.946562	
m1																0.941235
m2																0.915456
m3																0.923467
m4																0.887525
m5																0.843653

表 7-4 大学衍生创业模型中的变量相关系数

	商业创意	创业项目	衍生企业	价值输出	大学功能定位	大学育人理念	大学政策支持	大学学科体系建设	研发能力	大学应对外界变化的能力	大学吸引社会资本的能力	大学的创业课程培训	社会关系网络	大学再教育能力	大学校园氛围	产业集聚效应
商业创意	0.897															
创业项目	0.245	0.846														
衍生企业	0.457	0.621	0.798													
价值输出	0.379	0.704	0.678	0.921												
大学功能定位	0.451	0.256	0.438	0.574	0.845											
大学育人理念	0.397	0.533	0.583	0.542	0.378	0.915										
大学政策支持	0.425	0.256	0.479	0.598	0.346	0.389	0.942									
大学学科体系建设	0.348	0.559	0.612	0.324	0.406	0.517	0.573	0.894								
研发能力	0.431	0.402	0.726	0.439	0.543	0.328	0.467	0.571	0.921							
大学应对外界变化的能力	0.516	0.168	0.437	0.482	0.394	0.562	0.341	0.246	0.367	0.956						
大学吸引社会资本的能力	0.350	0.466	0.527	0.431	0.462	0.534	0.269	0.412	0.539	0.425	0.878					
大学的创业课程培训	0.402	0.572	0.364	0.373	0.367	0.359	0.584	0.364	0.623	0.303	0.413	0.887				
社会关系网络	0.475	0.371	-0.324	0.461	0.652	0.288	-0.089	0.496	0.365	0.467	0.320	0.403	0.965			
大学再教育能力	0.429	0.372	0.431	0.523	0.419	0.213	0.614	0.554	0.527	0.352	0.503	0.441	0.308	0.843		
大学校园氛围	0.234	0.563	0.416	0.251	0.485	0.479	0.453	0.493	0.537	0.218	0.345	0.368	0.496	0.530	0.852	
产业集聚效应	0.358	0.346	0.462	0.357	-0.307	0.652	0.564	0.445	0.458	0.368	0.581	0.672	0.465	0.355	0.453	0.894

第三节 路径系数及研究结论

t 值＞1.96 表示该路径系数在 5% 的水平下显著（双侧检验）。最终得到模型检验结果。

可以发现有以下十八条验证结果。

表 7-5　　　　　大学衍生创业研究模型路径系数

	原始样本	样本均值	标准差	标准误差	T 检验
大学功能定位→商业创意	0.1257	0.2138	0.0416	0.0416	3.0823*
大学育人理念→商业创意	0.2071	0.2687	0.0493	0.0493	4.6027*
大学政策支持→商业创意	0.1284	0.1198	0.0532	0.0532	2.9861*
大学学科体系建设→商业创意	0.3145	0.3029	0.0319	0.0319	8.7523*
研发能力→商业创意	0.1169	0.2112	0.0516	0.0516	2.2341*
大学应对外界变化的能力→商业创意	0.2961	0.3017	0.1295	0.1295	2.6935*
大学学科体系建设→创业项目	-0.0184	-0.0046	0.0519	0.0519	0.3516
研发能力→创业项目	0.6285	0.6384	0.0368	0.0368	17.2369**
大学应对外界变化的能力→创业项目	0.3364	0.3213	0.0670	0.0670	4.8277*
大学吸引社会资本的能力→创业项目	0.2915	0.3006	0.0817	0.0817	3.2922*
大学的创业课程培训→创业项目	0.2903	0.2847	0.0824	0.0824	3.4494*
社会关系网络→创业项目	0.4491	0.4531	0.0371	0.0371	11.0652*
大学吸引社会资本的能力→衍生企业	0.3936	0.3256	0.0397	0.0397	9.9562*
大学的创业课程培训→衍生企业	0.1102	0.1134	0.0367	0.0367	2.8792*
社会关系网络→衍生企业	0.5926	0.5815	0.0286	0.0286	20.6513**
大学再教育能力→衍生企业	0.2834	0.2817	0.0827	0.0827	3.4473*
大学校园氛围→衍生企业	0.2218	0.2537	0.1496	0.1496	2.1436*

续表

	原始样本	样本均值	标准差	标准误差	T检验
产业集聚效应→衍生企业	0.0929	0.0926	0.0321	0.0321	2.8497*
大学再教育能力→价值输出	0.3186	0.3321	0.0674	0.0674	4.8970*
大学校园氛围→价值输出	0.0468	0.0445	0.0792	0.0792	0.6289
产业集聚效应→价值输出	0.1643	0.1593	0.0327	0.0327	5.1149*
衍生企业→价值输出	0.0875	0.0871	0.0238	0.0238	3.6887*

一、大学功能定位→商业创意

功能定位明确的大学一般注重科研成果与商业社会效益的转化,科研转化效率高。对科技类创业企业来说,在营商环境、资金、政策支持条件基本相同时,最先进的技术水平和最前沿的成果是企业能够不断提出优秀的创意、保持竞争活力和独特优势、有别于竞争对手的关键因素。以同济大学的"环同济"产业圈为例,同济大学将自身定位为创业"土壤",为创业学生和衍生企业提供免费讲座、图书资料、实验设备和检测服务、管理培训、专家咨询等优质服务,同时企业能反哺母校,为学校提供实习岗位、科研项目、学生创业基金。大学和企业相辅相成,互利共赢,学校的优势学科资源与周边的衍生企业形成良性互动关系,学校和企业中的人才、资金、信息、技术、人脉等创新要素相互黏合,形成学科链、创新链、产业链共生发展的格局。在这个产业生态系统中,聚集了创新资源、充满创新机缘、散布着无数创新触发点,因此创新持续地涌现,不仅体现在具体的产品、技术和服务方面,还体现于理念、方法、应用、营销、商业模式等各个层面。大量的创新型企业、团队、人物充分流动,促进"环同济"蓬勃发展。因此综上而言,一所大学的功能定位越明确、清晰,其衍生企业的商业创意水平越高。

二、大学育人理念→商业创意

大学的育人理念对衍生企业的商业创意也有明显影响。注重通识教育与专业教育的融合的大学更容易培养出拥有多重专业背景人才。以上海交通大学为例。上海交大秉持知识探究、能力建设和人格培养的育人理念,致力于培养有社会责任感、创新创业热情和实践能力,兼具国际视野和人文情怀,符合时代要求的创新创业人才。为此,上海交大在人才培养机制上做出了努力,完善了"生命与环境交叉平台""工科平台"等宽口径的人才培养机制,打通相近专业在基础课程阶段选课的壁垒,有利于交叉学科商业项目创意的迸发。此外,上海交大还注重学生参加社会实践和开放式社会培训。自创建"2011协同创新中心"以来,上海交大与企事业单位共建校企联盟、工程实践教育中心,建设校外企业实习基地,着力提升学生实践能力和创新创业能力,并逐步探索和推进本科生海外科研实习。这种强化"课程+实践"的教学理念促进了上海交大周边创新企业集聚效应的产生。因此,大学的育人理念对衍生企业的商业创意有显著影响。

三、大学政策支持→商业创意

大学强大的政策支持也是衍生企业创业的有力助推器。好的政策支持包括完善的创业指导培训、给创业者和创业企业提供资金和商业机遇等。同样以上海交大为例,上海交大有一批高质量的创业培训课程,如《创新与创业大讲堂》、大师讲坛、跨学科论坛、暑期学校等,此外校内还举办创业沙龙、电梯演讲、创业训练营等;还有由安泰经管学院、创业学院协同创办的"上交创业汇"等栏目为有需要的同学们讲解创业知识。学校还发布和修订了《上海交通大学关于完善知识产权管理体系落实〈促进科技成果转化法〉的实施意见》及相关配套文件,《上海交通大学科技人员离岗从事科技成果转化工作管理办法(试行)》《上海交通大学学生科技创新竞赛资助实施办法》和《上海交通大学"学生科技创新工作室"申报及管理办法》等一系列政策支持文件,为在校创业和有创业想法的同学在一定程度上解决了后顾之忧。因此,政策和措施支持力度越大的高校,衍生企业的商业创意水平越高。

四、学科体系建设→商业创意

一所大学完善的学科建设也是促成优秀的商业创意的重要因素。以上海电力科技园为例,上海电力科技园是由上海市电力公司、上海电力股份有限公司和上海电力学院等单位发起成立的集电力教育、高科技电力产品研发、电力科技成果孵化、现代电力服务等为一体的大学科技园。依托上海电力学院的电气工程和环境工程等相关优势专业的支持,上海电力科技园通过整合多方资源,实现了新能源研发企业、电力节能环保与电力科技服务企业及涉电领域科技创新企业在园区的聚集,在涉电领域产生了多项技术创新。因此高校的学科体系建设尤其是优势学科的建设,对衍生企业的商业创意水平有助推作用。

五、研发能力→商业创意

大学的研发能力主要包括大学的研发投入、研发环境和条件、研发人员团队水平以及研发成果的数量与质量。大学的研发能力对衍生企业能否成功创建,能否得到市场的认可至关重要,是衍生企业赖以创生的基础。企业从创办到运行的各个阶段都离不开高水平的研发人员和充足的科技经费投入。科研能力强的大学通常具备更高素质的人才储备,从而有助于优秀的商业创意的出现。以清华大学为例,清华大学是中国著名的研究实力强劲的高校,其衍生企业所经营的范围涵盖了电子技术、信息与通信技术、材料化学、环保、生物科技、风险投资、技术与管理咨询等多个行业和领域,其中包括了校办企业、由教授推动的企业以及以学生创业为主的优秀企业,这体现了清华衍生公司所涉及行业及领域具有多样化的特性。其中一些企业的商业创意是自主研发,而另一些企业的商业创意则可能是在学校研发之后通过专利许可或技术转让等方式获得的。因此,衍生企业的业务范围和创业者视野的广度与学校科研实力和研发能力有密切关系。

六、大学应对外界变化的能力→商业创意

大学应对外界变化的能力以与企业的密切性和变革能力作为衡量。对外界变化应变能力强的大学能随时感知行业和社会形势,及时调整学校的教学政策和内容,始终把握市场趋势,分享社会进步的成果。20世纪80年代改革开放的大幕拉开,在邓小平讲话的影响下,作为改革开放前沿的上海受到巨大的思想和现实的冲击,社会主义市场经济形势渐渐在人们心目中活跃起来,坐落在上海的华东师大也感受到了影响。以清华大学为例,在2001年中国高校科技企业改制之时,清华大学积极顺应时代发展的潮流,采取了多项改革措

施。在此影响下,陆致成产学研相结合的想法也越来越强烈,并就此创业。而在浙江,浙江大学地处杭州受到浙商创业和阿里巴巴的影响颇深,浙江大学创业教育的其中一项就是学习浙商文化,感受浙商精神。因此,大学顺应时代,积极面对新技术新业态新环境的变化,能为商业创业提供新思路。因此大学应对外界变化能力的提高可以提升衍生企业的商业创意水平。

七、研发能力→创业项目

大学研发实力对其衍生企业创业项目成功的影响似乎是显而易见的。一般而言,科技实力强的大学能够得到更多的前沿研究成果,而衍生企业本身需要将科研成果商业化,需要技术转移。因此科技实力强的大学更具有参与科技企业衍生活动的热情和技术基础。另外,科研实力强的大学还能为企业提供优质的人才,帮助企业尽快进入市场营利或者建立起技术壁垒。同方股份有限公司是以清华大学自主核心技术为基础的高科技公司,该公司在充分利用资本运作能力的基础上,创立了信息技术、能源与环境、应用核电子技术、生物医药四大产业,是一家项目技术含量高,发展前景良好的企业。清华同方的成功离不开背后清华大学强大的科研能力的支持,企业在应用信息系统、计算机、能源环境、建筑环境、水环境、应用核电子技术和生物医药等学科中始终处于行业前列的水平。因此研发实力越强的大学其衍生企业的创业项目表现也越好。

八、大学应对外界变化的能力→创业项目

应对外界变化能力强的大学,一般来说其学科设置、教学内容会随着外界变化趋势而变化,具有较强的变革管理能力。以复旦大学为例,近年来复旦大学不断调整本科招生学科的设置以适应教学和形势的变化。2017年复旦大学新增的教育部获批专业有大气科学、西班牙语、数据科学与大数据技术、能源化学等。大学通过改革教学模式,可以在建设优势科目、扩大对外交流的基础上,培养应用型、复合型、主动服务产业升级和经济发展的综合人才。从而可以帮助创业项目规避市场风险或者使其更容易发现市场细分点。因此大学应对外界变化的能力越强,其衍生企业的创业项目质量越高。

九、大学吸引社会资本的能力→创业项目

大学吸引社会资本的能力主要体现为大学为其衍生企业筹集各项资源的能力。吸引资本能力强的大学往往是社会关注度和声誉较高、拥有大批优秀校友的学校。外界对学校实力的信心使得投资者们对优质大学的衍生企业往往拥有更乐观的发展前景的估计,因而更倾向于给予关注并且追加投资。另外,优秀的校友资源可以给衍生企业的创业者们起到榜样激励作用,同时还能传授一定的创业经验以及带来更宽广的业务渠道和丰富的业务机会。以同济大学为例,2017年5月"同济校友基金"正式发布。该基金由同济大学校友会和同济校友联合发起,主旨之一即为借助校友基金的桥梁,实现母校科研专家、创业者与优秀社会资本更为顺畅地对接,以及将校友与母校更紧密地连接,增强校友对母校的认同感,培养长期可持续的捐赠文化。这只是同济大学吸引众多社会资本中的一例。除此之外,截至2016年5月,"同济大学校友创新创业基金"已经为超过22个校内创业项目发放了151余万元的创新创业基金,为这些校内项目的蓬勃起步提供了重要支持。因此,大学吸引社会资本的能力越强,其创业项目的质量也就越高。

十、大学的创业课程培训→创业项目

通过多种形式的创业培训,如创业论坛、创业课程与讲座、媒体报道等,学校可以把成功的创业典范介绍给大学生。通过与亲身创业者的密切交流,学生进一步了解创业的艰辛以及成功的喜悦,有助于积累宝贵的创业经验。了解校友成功创业事迹,在激发大学生的创业热情的同时,也引导他们总结失败的教训,提高对商业社会创业实际情况的理性认识。有针对性的创业指导也能帮助学生树立正确的创业观念,结合自己的兴趣特长和专业优势,在创业大潮中走出一片新天地。以复旦大学为例,2015年12月复旦大学成立了创新创业学院,目标是创建一个创新创业的专业智库,为大学生的创新创业打开门户,提供丰富的创新创业实践和实训机会。学院也将在开设创新创业课程的同时,定期举行创业培训,邀请创业导师及行业指导专家举办科普性系列创业讲座,介绍扶持政策和资源,全方位帮助创业者完成创业。2016年12月29日,上海复星生物科技等8个优秀项目入驻创新创业学院,因此大学的创业课

程培训可以有效提升创业项目的质量。

十一、社会关系网络→创业项目

社会关系网络强大的大学往往拥有完善的校友信息沟通渠道,如校内资源管理系统(URP)、校内网络社群、外部网络平台微信、社交类网站和校友会等。通过这些信息发布平台,创业者可以及时获得有价值的创业信息,结识志同道合的创业伙伴和商业伙伴,为创业企业积累社会关系资源。这样创业企业的社会关系资源就可以转化为其竞争优势,在商业活动中往往更容易获得社会关系的背书和附加信用,其业务也就更容易开展。因此社会关系网络强大的大学,其衍生企业的创业项目质量也越高。

十二、大学吸引社会资本的能力→衍生企业

吸引社会资本能力强的大学可以为其衍生企业带来更多的资金支持,其优质的校友资源也可以为企业的发展提供有力的支持和帮助,包括对企业家精神的培养,对企业的质量成本管理情况等提出咨询建议,以及在企业面临财务状况时提供的投资和贷款等。这些对于培养衍生企业的企业家精神、企业保持健康的资本结构和稳健的资金流以及正常的运营管理等方面有较大帮助。以水木清华校友基金为例,水木清华校友基金成立于2014年,是一家由水木清华理事会及多位清华大学校友共同出资的天使投资基金,全部用于支持在校学生和年轻校友创业。该基金旨在帮助在校学生和年轻校友创业者与校友和社会资源对接,为他们提供创业启动资金、创业辅导以及咨询管理等服务,全方位助力于他们集中精力创业发展。目前已帮助40余个清华大学校内创业企业或项目成功运营或上市,投资总金额数亿元。因此可以看出大学吸引社会的资本能力对衍生企业本身有显著的影响。

十三、大学的创业课程培训→衍生企业

正式的创业课程培训与衍生企业的绩效是高度相关的,因为创业课程、创业设计大赛等活动能在一定程度上引导学生进入创业之门,帮助创业者学习创业所需的技能,例如培养交流沟通、机会识别、获取外部投资等能力。另外,

大学的创业课程内容本身也会着重培养创业者领导团队和企业管理等能力水平,提升创业成员的企业家才能,同时通过创业成功人士和优秀校友的经历分享来积累经验、培养意识。以浙江大学为例,浙江大学长期以来重视创业教育的开展,在多个学院开设创业管理、创业实践与文化体验、当地创业文化精神、企业家精神等专题课程。在浙江大学竺可桢学院内,设有专门的创新创业教育强化班。这一系列相对体系化和深入的举措,能帮助有创业意愿的大学生积累创业理论知识以及创业实践经验,有望帮助学生将创业念头付诸实践。一项基于浙江大学科技园 201 家大学生创业企业的调查结果显示,创业者接触到的创业课程对创业企业绩效有显著的促进作用[①]。因此大学的创业课程培训与衍生企业的绩效有较强相关性。

十四、社会关系网络→衍生企业

与大学吸引社会资本类似,强大的社会关系网络可以为创业者带来丰富的社会资源。通过大学的社会关系网络,创业者可以获取及时有效的创业消息、结识创业伙伴;可以与同行交流市场信息、互相学习管理经验,甚至为自己的企业拓宽市场,从而可以提升企业家的管理才能,优化衍生企业的质量成本管理情况以及增强企业对可能出现的财务状况的承受能力。因此大学的社会关系网络对衍生企业本身有显著的影响。

十五、大学的再教育能力→衍生企业

大学再教育能力主要通过大学的继续教育和成人教育形式对衍生企业产生影响。继续教育主要是对已经参与工作的专业技术人员的知识和技能进行更新补充和拓展,进一步提高他们的创造力和专业技术水平,从而对他们决策的效率和质量产生影响。大学的继续教育能够为社会各类成员提供多层次、多形式、高质量的终身学习服务,带来良好的社会效益。对于已经脱离正规教育,步入社会参加工作的有一定知识层次水平的衍生企业家来说,在当今信息爆炸和知识结构快速更新的时代,接受继续教育能让他们更新补充知识,扩大

---

① 郑刚,梅景瑶,何晓斌. 创业教育对大学生创业实践究竟有多大影响——基于浙江大学国家大学科技园创业企业的实证调查[J]. 中国高教研究,2017(10):72-77.

视野、改善知识结构、提高创新能力,以适应科技发展、社会进步和本职工作的需要,从而对企业的财政政策、质量成本管理情况、风险资本、资本结构有积极作用。此外,大学的再教育能力越强,大学的高新技术、前沿思想也能更快地传达给社会,从而使衍生企业的企业家能够及时掌握信息,对于企业的技术创新也有促进作用,因而也是提高衍生企业绩效的重要因素。

以复旦大学为例:复旦大学于1988年组建成人教育学院,2000年,复旦大学与上海医科大学合并组建新的复旦大学,原两校的成人教育学院合并,成立继续教育学院。2000年7月,经教育部批准,复旦大学成为现代远程教育试点高校。同年,复旦大学网络教育学院成立。2015年12月,网络教育学院与继续教育学院合并,网络教育学院的职能并入继续教育学院。三十年来,复旦大学不断更新改革继续教育领域体制机制,与多个大学通过合并等方式在继续教育领域进行合作,同时不断提高继续教育的现代化水平。成人教育学院十几年来累计培养各层次毕业生约5.2万名,网络教育学院先后开设了18个网络学历教育专业,培养了2万余名毕业生,各层次毕业生就业率达到90%以上,为各类衍生企业输送了众多高质量的人才。因此大学的再教育能力与衍生企业绩效有显著关系。

十六、产业集聚效应→衍生企业

产业集聚是区域发展过程中所表现出的一种经济活动的空间分布不均衡现象,指部门和企业在特定地理区域内的集中。产业集聚效应的具体表现有(1)生产成本和交易成本较低;(2)可以共享基础设施;(3)资源流动合理;(4)规模经济;(5)促进企业创新。就衍生企业而言,企业的技术创新会因产业集聚而得到促进。健全的基础设施、先进的知识和技术、发达的经济水平、低物价和便利的交通等条件也使得企业能够合理利用资源,有效管理成本,保持良好的资本结构和财务决策。对于企业家而言,处于产业集聚的环境下,企业家能够更好地利用硬件设施和社会资本做出更好的企业决策。例如,在同济大学建筑设计研究院、上海同济城市规划设计研究院以及同济大学本身建筑设计优势学科的带领下,"环同济"形成了以建筑与环境设计、产品设计为主导的产业集群,80%的企业为设计类中小企业,80%的创业者为同济师生。同济周边的产业聚集区是目前国内规模最大、产业链最为完整的一个产业聚集区,在国内外也有一定的影响力和知名度。2020年环同济产业能级稳步提升,总产出近 500 亿元。因此大学周边产业集聚效应对衍生企业的绩效有显著影响。

十七、大学的再教育能力→价值输出

与对衍生企业的影响类似,大学的再教育能力对企业产品、生产力水平和企业声誉有积极的影响。大学的再教育能力能够将大学的知识成果、校园文化等辐射到大学衍生创业的相关企业,从而能够对整个企业产生影响,积极促进企业的发展。大学资源的辐射作用不仅能直接影响企业家,影响其在企业决策中有更好的表现,对于企业团队成员也有一定影响,依托大学的声誉和影响力,也会对企业的对外形象有积极提高。

十八、产业集聚效应→价值输出

地区的产业集聚效应能够使该地区的聚集产业对外有良好的整体形象和声誉,相应地,企业本身的品牌影响力也会提高,从而有利于企业在市场竞争中争取到更充足的市场份额和优良的用户口碑。此外,产业集聚的资源共享和硬件设施的公共使用能够使企业降低成本,从而获得一定的价格优势和收益以及更高的生产效率。同样以同济大学为例,其周边的赤峰路集中了以现代建筑设计企业为主,包括装潢、图文制作、建筑模型、监理等行业的大量企业,已有全国设计产业中心的态势。在全国范围内具有较高的知名度和竞争力。因此大学周边的产业集聚效应对企业价值输出有显著影响。

第八章 结论

本课题主要研究了有关大学衍生创业企业的两个问题,一是剖析了大学如何从自身角度提高创业企业的衍生能力和衍生效果的路径和规律,二是对大学衍生企业发展过程中如何促进与大学的合作,增强大学和企业之间的互动合作及其研究成果的有机转化效率提出了具体的方案和途径设想。在理论基础上,本研究首次正式阐明了大学衍生创业能力的影响因素及其对衍生企业活动的关键性作用,为指导大学进行学科建设、引领组织变革、优化校园治理以增强校企一体化,提升衍生企业绩效和发展质量开辟了理论道路。在实践基础上,本研究的成果也颇具实用性,为各级主管部门和诸多大学更有目的性地采取经济、科研等系列政策措施和手段以促进校企联动、提高衍生企业竞争力,尤其在如何提高大学科研成果转化率这一问题上提出想法,从而为进一步服务经济社会发展贡献建设性的参考意见。

在具体研究中,主要采用了文献综述、基础理论、案例研究三种方式进行,并且开展了调查,通过调研得到的数据分析验证了理论和假设并进行了适当的修正。文献综述总结回顾了之前研究中对于大学及其衍生企业的相关概念和理论的界定,包括对创业环境、高校衍生企业、影响衍生企业的因素、"产学研"合作模式和其他一些理论的综合描述。

在整理归纳了这些研究的基础上,本研究基于价值链理论搭建了一个描述大学衍生企业在形成、成长和成熟的过程中各因素影响的模型;由于衍生企业具有与一般企业不同的与大学密切相关的特质,本研究中构架的模型框架从企业资源、企业能力和企业社会关系网络三个视角考察了衍生企业的发展模式。之后通过对同方、复星、分众传媒和聚力传媒等公司的多案例实证研究,探讨了衍生企业创业演进的路径,并提出了大学对衍生企业影响的模型假设,即:

(1)学校的功能定位、育人理念以及政策支持的影响对商业创意的形成产生促进作用。

（2）学校的学科体系建设、研发能力、应对外界变化的能力对商业创业的形成和创业项目的确立产生促进作用。

（3）大学吸引资本能力、大学创业课程培训、大学的社会关系网络对创业项目的确立和大学衍生企业的形成产生促进作用。

（4）学校的再教育能力、校园氛围、周边产业集聚效应对创业大学衍生企业的形成和价值输出产生促进作用。

提出假设之后，采用实证调研的方式进一步验证假设。通过下发问卷和对回收数据进行统计分析，所得结果表明模型中代表大学支持的"学习定位"、"大学育人理念"等12个变量与代表衍生企业发展水平的"商业创意"、"创业项目"、"衍生企业"和"价值输出"4个变量共21组相关关系中除2个不显著和1个弱相关之外，其余均显著相关，表明模型假设成立。

本研究的结果意味着，大学可以从多个方面采取措施入手，提高衍生企业水平。具体包括动力机制、运行机制和保障机制三个方面。

一、动力机制

主要措施有优化专业课程设置、提高课外活动多样化程度和增强校内的社会关系网络等。

专业课程设置可分为通识部分和专业部分：通识部分课程注重培养学生的创新创业能力，健全学生创新创业思维，激发学生创新创业潜力，有利于学生明确创业环境，提高学生的创业意识与创业品质，可有效消除学生对创新创业高不可攀的畏惧感；专业部分课程注重根据本专业的特色培养创业意识和精神，通过对所学专业创新案例、相关专业企业的创建和管理模式进行讲解，使学生了解如何运用自己的专业知识在本专业领域创新创业。注重通识教育与专业教育的融合的大学更容易培养出拥有多重专业背景的人才。

社会开放性和包容性更强的大学对学生的要求往往不仅是专业知识的熟练掌握，还包括具备一定的社会实践经验技能，即学术硬实力和实践软技能多方面的要求，利于培养知识和能力并重的复合型人才，有利于衍生企业提高商业创意水平。在第一课堂之外，还可充分依托内容丰富、形式多样的第二课堂活动、比赛，如"挑战杯"、大创项目、创业训练营、创业计划大赛等，营造良好的就业创业氛围，引导学生亲身参与，提高学生的创新创业实践能力。另外，由于大学衍生企业从创办之前的商业创意到成熟发展时期的价值输出过程都与大学的影响密不可分,密切相关的衍生企业及其母校之间存在高度信任但非正式的强关系,双方在较长时间内能够相互信任、密切合作、实现共赢。关系强度高更有利于高质量的信息和知识等的转移,而且在合作研发的过程中,大学生可以主动利用平台学习相关的技术,锻炼提高实践能力。以上海交通大学为例。上海交大秉持知识探究、能力建设和人格培养的育人理念,致力于培养有社会责任感、创新创业热情和实践能力,兼具国际视野和人文情怀,符合时代要求的创新创业人才。为此,上海交大在人才培养机制上做出了努力,一方面完善了"生命与环境交叉平台"、"工科平台"等宽口径的人才培养机制,打通相近专业在基础课程阶段选课的壁垒,促进交叉学科商业项目创意的迸发。同样地,上海交大还注重学生参加社会实践和开放式社会培训。自创建"2011协同创新中心"以来,上海交大与企事业单位共建校企联盟、工程实践教育中心,建设校外企业实习基地,着力提升学生实践能力和创新创业能力,并逐步探索和推进本科生赴海外科研实习。这种强化"课程+实践"的教学理念促进了上海交大周边创新企业集聚效应的产生。

可以通过鼓励师生间互动交流、增加丰富的校园活动、搭建完善校内外网络交流互动平台、鼓励学生走出校门与校区、社区、园区互动等增强校内的社会关系网络。如很多大学往往拥有完善的校友信息沟通渠道,如校内资源管理系统(URP)、校内网络社群、外部网络平台微信、社交类网站和校友会等。通过这些信息发布平台,创业者可以及时获得有价值的创业信息,结识志同道合的创业伙伴和商业伙伴,为创业企业积累社会关系资源。还可以与同行交流市场信息、互相学习管理经验,甚至为自己的企业拓宽市场,从而可以提升企业家的管理才能,优化衍生企业的质量成本管理以及获得更优质的资金来源渠道,增强企业对可能出现的财务状况的承受能力。另外,完善的校内信息沟通渠道有利于衍生企业创业者更好地利用校友资源来增强企业实力。丰富的校友资源可以从四个方面助推大学生创业:典型引领的激励性、经验传授的实效性、拓宽渠道的互惠性和多元平台的共赢性。校友资源可以促进扩大大学生创新创业的优势,也可以为企业的发展提供有力的支持和帮助,包括对企业家精神的培养,对企业的质量成本管理情况等提出咨询建议,以及在企业面临财务状况时提供的投资和贷款等。这些对于培养衍生企业的企业家精神、企业保持健康的资本结构和稳健的资金流以及正常的运营管理等方面有较大帮助。

因此优化专业课程设置、提高课外活动多样化程度和增强校内的社会关系网络对激发学生的创业动力有明显的正面影响。

二、运行机制

主要措施有学校政策的开发以及衍生企业的运行支持组织机构设置等。

大学强大的政策支持是衍生企业创业的有力助推器。好的政策支持包括完善的创业指导培训、给创业者和创业企业提供资金和商业机遇的支持。同样以上海交大为例。上海交大有一批高质量的创业培训课程如《创新与创业大讲堂》、大师讲坛、跨学科论坛、暑期学校等，此外校内还举办创业沙龙、电梯演讲、创业训练营等；还有由安泰经管学院、创业学院协同创办的"上交创业汇"等栏目为有需要的同学们讲解创业知识。学校还发布和修订了《上海交通大学关于完善知识产权管理体系落实〈促进科技成果转化法〉的实施意见》及相关配套文件，《上海交通大学科技人员离岗从事科技成果转化工作管理办法（试行）》《上海交通大学学生科技创新竞赛资助实施办法》和《上海交通大学"学生科技创新工作室"申报及管理办法》等一系列政策支持文件，为在校创业和有创业想法的同学一定程度上解决了后顾之忧。因此高校政策和措施支持力度越大，对提高大学衍生创业的效益影响越大。

高校可以构建一个各职能部门和各院系合作联动、共同参与衍生创业推动的互动平台，并在这一平台上形成各部门之间的沟通交流机制。通过各部门之间的交流与互动，使各部门之间能够统一对衍生创业的认识。从而在这一信息平台上实现各部门之间的资源共享、信息流通、资源整合，打破各部门之间的行政壁垒，充分发挥各部门的职能，进一步产生联动效应和合力效应，以更进一步构建"专业＋创业""理论＋实践""线上＋线下"的组织机构新模式。

三、保障机制

主要措施有搭建研发平台和创业项目路演平台、高校就业指导中心合作联动等。

高校和企业要联合加强对于衍生创业教育实践平台的建设，以更好地整合各方的优势资源，为衍生创业教育打下扎实的基础。在产教融合背景下，高校的衍生创业教育需要现代化的实验室、实训基地以及尖端的科研平台。这就需要通过企业与高校资源共享、合作研发、共同投资来实现。高校还需要不断完善创业教育、指导和服务体系,为有效开展衍生创业工作提供有力保障。建立健全学校统一领导、齐抓共管、部门配合的创业服务工作机制,加强师资队伍建设,不断提高指导教师对衍生创业的教育、指导与服务的能力和水平。建立健全高校衍生创业工作考核奖励机制,充分激发和调动就业创业工作积极性。进一步完善创业精准服务保障机制,将大学衍生创业教育、指导及服务与学生的个性化需求精准对接,增强大学衍生创业指导的针对性、有效性。进一步完善就业反馈机制,建立横向能够反映衍生企业发展质量、纵向能够反映较长时间内大学衍生企业运行状况与创业服务的反馈体系。

附录：大学对创业实施的
影响因素调查问卷

尊敬的先生/女士：

您好！非常感谢您参加本次问卷调查！

我们是上海社会科学院的研究人员，正在进行一项有关大学对创业实施影响因素的研究。请根据您的实际情况完成本问卷。这份问卷将会占用您大约10分钟的时间。

您的帮助对我们的研究是莫大的支持！再次表示感谢！

"大学衍生创业的影响因素与政策研究"课题组

2015-02-28

———————— 请根据您的实际情况填写以下各部分 ————————

第一部分：个人基本信息（以下部分为单选题，请在对应"□"选项上打"√"）

1) 性别：□男　□女
2) 婚姻状况：□已婚　□未婚　□其他
3) 学历：□大专　□本科　□硕士　□博士　□其他
4) 毕业院校：＿＿＿＿＿＿＿＿＿＿
5) 您最后学历的专业：＿＿＿＿＿＿＿＿
6) 企业所涉及的行业：□生物医药　□互联网信息服务　□计算机行业　□软件服务　□工业制造　□零售批发　□培训中介　□咨询服务　□新材料　□节能环保　□文化传媒　□会展策划　□设计装潢　□通信服务　□其他＿＿＿＿＿
7) 您的籍贯：＿＿＿＿＿省＿＿＿＿＿市/县
8) 您的企业成立至今已有：＿＿＿＿＿年（可精确到半年，即0.5年）；目前企业现有员工人数：＿＿＿＿＿人

9) 目前企业获得风险投资情况：□尚未考虑　　□接洽中　　□第一轮　　□第二轮　　□第三轮

10) 目前企业的利润率：□亏损　　□3%以内　　□3%—10%　　□10%—20%　　□20%以上

第二部分：影响因素调查

（以下均为单选题，请选择您对以下问题描述的认同程度，在强烈不同意（1分）和强烈同意（7分）之间选择合适的分值，并请在对应"□"选项上打"√"）

以下选项帮助我们了解商业创意相关情况。

	1	2	3	4	5	6	7
我擅长向他人学习	□	□	□	□	□	□	□
我时常迸发出新想法	□	□	□	□	□	□	□
我在创业前积累了足够的工作经验	□	□	□	□	□	□	□

以下选项帮助我们了解创业项目相关情况。

	1	2	3	4	5	6	7
我的创业项目符合国家税收减免政策	□	□	□	□	□	□	□
我的项目可以有效规避风险	□	□	□	□	□	□	□
我的创业项目能够在激烈的市场竞争中脱颖而出	□	□	□	□	□	□	□
我的创业项目技术含量高，具有较高进入壁垒	□	□	□	□	□	□	□
我的创业项目发掘了新的市场细分点	□	□	□	□	□	□	□
我的创业项目目前盈利情况不错	□	□	□	□	□	□	□
我的创业项目能够在激烈的市场竞争中脱颖而出	□	□	□	□	□	□	□
我的创业项目预期在未来可以有更好的发展	□	□	□	□	□	□	□

以下选项帮助我们了解衍生企业相关情况。

	1	2	3	4	5	6	7
我的企业有足够的资金周转来维持正常的生产经营	□	□	□	□	□	□	□
我的企业收入增长稳定	□	□	□	□	□	□	□
我善于经营和管理自己的企业	□	□	□	□	□	□	□
我的企业团队团结向上、分工明确,我的企业组织机构完善	□	□	□	□	□	□	□
我的企业可以快速拓展新客户	□	□	□	□	□	□	□
我的企业善于对成本进行有效控制和管理	□	□	□	□	□	□	□
我的企业有技术创新的优势	□	□	□	□	□	□	□
我的企业能在短期内偿还债务	□	□	□	□	□	□	□
我的企业资金来源较少地依靠借款	□	□	□	□	□	□	□
我的企业资产和负债比例控制在合理的范围内	□	□	□	□	□	□	□

以下选项帮助我们了解价值输出相关情况。

	1	2	3	4	5	6	7
我的企业具有低成本生产的优势	□	□	□	□	□	□	□
我的企业规模大、产品价格合理	□	□	□	□	□	□	□
我的企业口碑良好,品牌影响力大	□	□	□	□	□	□	□
我的企业产品占有充足的市场份额	□	□	□	□	□	□	□
我的企业产品具有广大的潜在用户市场	□	□	□	□	□	□	□
我的企业业绩突出,盈利能力强	□	□	□	□	□	□	□
我的企业生产效率高,产量大	□	□	□	□	□	□	□
我的企业在不断发展的过程中具备了核心竞争力	□	□	□	□	□	□	□

以下选项帮助我们了解大学功能定位对商业创意和创业项目的影响。

	1	2	3	4	5	6	7
所在大学注重将科研成果转化为社会效应	□	□	□	□	□	□	□
所在大学可以对社会资源进行统筹协调管理	□	□	□	□	□	□	□

续表

	1	2	3	4	5	6	7
所在大学在先进文化的传播和引领方面具有带头示范作用	□	□	□	□	□	□	□
所在大学善于培养复合型人才	□	□	□	□	□	□	□
所在大学能提供良好的社会服务	□	□	□	□	□	□	□
所在大学对所在区域的发展起到支撑作用	□	□	□	□	□	□	□

以下选项帮助我们了解大学育人理念对商业创意和创业项目的影响。

	1	2	3	4	5	6	7
所在大学专业课程设置合理	□	□	□	□	□	□	□
所在大学注重通识教育与专业教育的融合	□	□	□	□	□	□	□
所在大学具备合理有效的教学计划（包括人才培养目标、基本规格要求、修业年限等）	□	□	□	□	□	□	□
所在大学积极鼓励学生参加课外实践活动	□	□	□	□	□	□	□
所在大学对社会人士开放培训课程	□	□	□	□	□	□	□
所在大学擅长培养知识和能力并重的复合型人才	□	□	□	□	□	□	□

以下选项帮助我们了解大学政策支持对商业创意和创业项目的影响。

	1	2	3	4	5	6	7
所在大学可以直接为师生提供创业贷款或创业基金	□	□	□	□	□	□	□
所在大学可以对学生进行创业培训	□	□	□	□	□	□	□
所在大学可以为师生提供一些创业机会	□	□	□	□	□	□	□
所在大学可以为师生的创业贷款提供无偿担保	□	□	□	□	□	□	□
所在大学可以在学生的创业过程中提供合理指导	□	□	□	□	□	□	□

以下选项帮助我们了解大学学科体系建设对商业创意和创业项目的影响。

	1	2	3	4	5	6	7
所在大学具备某些优势学科，是某些学科的领头人	□	□	□	□	□	□	□
所在大学的学科设置与该区域的产业特色相辅相成	□	□	□	□	□	□	□
所在大学经常拓展一些前沿的新兴学科，并对该学科的发展有导向性作用	□	□	□	□	□	□	□
所在大学比较重视学科体制机制的创新	□	□	□	□	□	□	□
所在大学能够根据实际情况的需要及时对各学科进行调整	□	□	□	□	□	□	□

以下选项帮助我们了解研发能力对商业创意和创业项目的影响。

	1	2	3	4	5	6	7
所在大学投入充足的研发经费	□	□	□	□	□	□	□
所在大学的研发条件一流（设备、实验室、资源等）	□	□	□	□	□	□	□
所在大学内部研究环境开放，能够实现资源共享	□	□	□	□	□	□	□
所在大学比较容易构建研发团队	□	□	□	□	□	□	□
所在大学研发团队中的成员态度严谨、刻苦钻研	□	□	□	□	□	□	□
所在大学科研成果丰硕	□	□	□	□	□	□	□
所在大学的科研人员积极将研究成果转化为商业应用	□	□	□	□	□	□	□

以下选项帮助我们了解大学应对外界变化的能力对商业创意和创业项目的影响。

	1	2	3	4	5	6	7
所在大学与企业接轨程度高，联系密切	□	□	□	□	□	□	□
所在大学的学科设置能够随着外界变化趋势而调整	□	□	□	□	□	□	□
所在大学具备较强的管理变革能力	□	□	□	□	□	□	□

附录：大学对创业实施的影响因素调查问卷 / 165

以下选项帮助我们了解大学吸引社会资本的能力对创业项目和衍生企业的影响。

	1	2	3	4	5	6	7
所在大学有许多优质项目并建立了相关数据库	☐	☐	☐	☐	☐	☐	☐
所在大学有大量优秀的校友资源	☐	☐	☐	☐	☐	☐	☐
所在大学对融资项目的宣传到位，与外界交流顺畅	☐	☐	☐	☐	☐	☐	☐
所在大学享受很多财税优惠和减免政策	☐	☐	☐	☐	☐	☐	☐
所在大学的资金用途明确	☐	☐	☐	☐	☐	☐	☐
所在大学远近闻名	☐	☐	☐	☐	☐	☐	☐

以下选项帮助我们了解大学的创业课程培训对创业项目和衍生企业的影响。

	1	2	3	4	5	6	7
所在大学的品牌具有一定社会知名度	☐	☐	☐	☐	☐	☐	☐
所在大学已经开设创业教育课程，教学情况良好	☐	☐	☐	☐	☐	☐	☐
所在大学在创新创业教育方面已投入充足的师资力量	☐	☐	☐	☐	☐	☐	☐
所在大学的学生能够接触到的创新创业教育资源丰富多样	☐	☐	☐	☐	☐	☐	☐
所在大学鼓励学生积极主动参加科技活动和创新创业活动	☐	☐	☐	☐	☐	☐	☐
所在大学时常邀请创业成功人士和优秀校友来校开设讲座并分享创业经验	☐	☐	☐	☐	☐	☐	☐
所在大学经常开展创业研讨会、沙龙等	☐	☐	☐	☐	☐	☐	☐

以下选项帮助我们了解社会关系网络对创业项目和衍生企业的影响。

	1	2	3	4	5	6	7
我所在的大学能够通过内部网络平台（校内URP、校内网络社群等）提供有效的创业信息	☐	☐	☐	☐	☐	☐	☐

	1	2	3	4	5	6	7
我所在的大学能够通过内部网络平台（校内URP、校内网络社群等）帮助我结识创业伙伴	□	□	□	□	□	□	□
我所在大学内部的人际沟通（师生间、同学间）能够提供有效的创业信息	□	□	□	□	□	□	□
我所在大学内部的人际沟通（师生间、同学间）能够帮助我结识创业伙伴	□	□	□	□	□	□	□
我所在大学内部的人际沟通（师生间、同学间）的沟通渠道十分通畅且有效	□	□	□	□	□	□	□
我所在的大学能够通过外部网络平台（如微信、微博等）提供有效的创业信息	□	□	□	□	□	□	□
我所在的大学在新时期能够通过外部网络平台（如微信、微博等）帮助我结识创业伙伴	□	□	□	□	□	□	□
我所在大学与外部（与社会人士、校友）的沟通渠道能够提供有效的创业信息	□	□	□	□	□	□	□
我所在大学与外部（与社会人士、校友）的沟通渠道能够帮助我结识创业伙伴	□	□	□	□	□	□	□
我所在大学与外部（与社会人士、校友）的沟通渠道十分通畅且有效	□	□	□	□	□	□	□

以下选项帮助我们了解大学再教育能力对衍生企业和价值输出的影响。

	1	2	3	4	5	6	7
所在大学善于探索继续教育规律，深化体制机制改革	□	□	□	□	□	□	□
所在大学注重开展多方合作，构建开放式培养体系	□	□	□	□	□	□	□
所在大学具备创新的教育培训模式	□	□	□	□	□	□	□
所在大学组织再教育的部门或机构具有创新意识	□	□	□	□	□	□	□
所在大学擅长培育精品项目和打造继续教育品牌	□	□	□	□	□	□	□
所在大学再教育手段的现代化程度高	□	□	□	□	□	□	□

以下选项帮助我们了解大学校园氛围对衍生企业和价值输出的影响。

	1	2	3	4	5	6	7
我的大学历来具有鼓励创新的优良传统	□	□	□	□	□	□	□
我的大学历来对于失败高度包容	□	□	□	□	□	□	□
我的大学历来鼓励同学、师生之间平等交流	□	□	□	□	□	□	□
所在大学的校训激励我做一个诚信团结的人	□	□	□	□	□	□	□
悠久的历史和文化为所在大学提供动力	□	□	□	□	□	□	□
所在大学激励我要自尊自立,认真负责	□	□	□	□	□	□	□

以下选项帮助我们了解产业集聚效应对衍生企业和价值输出的影响。

	1	2	3	4	5	6	7
所在大学周围的基础设施健全	□	□	□	□	□	□	□
所在大学附近经济水平发达	□	□	□	□	□	□	□
所在大学周围物价水平低、交通便利	□	□	□	□	□	□	□
所在大学周围已形成区域产业经济带	□	□	□	□	□	□	□
所在大学能够传授与周围产业发展相关的先进知识和技术	□	□	□	□	□	□	□
所在大学附近的企业联动性强	□	□	□	□	□	□	□
所在大学周围的企业能充分、合理利用大学资源	□	□	□	□	□	□	□

感谢您对我们研究的支持,祝您一切顺利!

参考文献

Ajzen I. The theory of planned behaviour [J]. Organizational Behaviour and Human Decision Processes, 1991,50(2): 179-211.

Akcigit U, Celik M A, Greenwood J. Buy, keep, or sell: Economic growth and the market for ideas [J]. Econometrica, 2016,84(3): 943-984.

Alvarez F E, Buera F J, Lucas R E. Idea flows, economic growth, and trade [C], NBER Working Papers, 2013.

Andrews P P, Hahn J. Transforming supply chains into value webs [J]. Strategy & Leadership, 1998,26(3): 6.

Åstebro T, Bazzazian N, Braguinsky S. Startups by recent university graduates and their faculty: Implications for university entrepreneurship policy [J]. Social Science Electronic Publishing, 2012,41(4): 663-677.

Belderbos R, Carree M, Diederen B, et al. Heterogeneity in R&D cooperation strategies [J]. Review of Industrial Organization, 2004,22(8): 1237-1263.

Belkhodja O, Landry R. The triple helix collaboration: why do researchers collaborate with industry and the government? What are the factors influencing the perceived barriers? [J]. Scientometrics, 2007,70(2): 301-332.

Bercovitz J, Feldman M. Academic entrepreneurs: Social learning and participation in university technology transfer [M]. Hubert H. Humphrey Institute of Public Affairs, University of Minnesota, 2004.

Bercovitz J, Feldman M. Entreprenerial universities and technology transfer: a conceptual framework for understanding knowledge-based economic development [J]. The Journal of Technology Transfer, 2006,31(1): 175-188.

Bloodgood J M, Sapienza H J, Almeida J G. The Internationalization of new high-potential U. S. ventures: Antecedents and outcomes [J]. Entrepreneurship Theory & Practice, 1996,20(4): 61-67.

Boyd N, Vozikis G S. The influence of self-efficacy on the development of entrepreneurial intentions and actions [J]. Entrepreneurship Theory and Practice, 1994,18(1): 63-77.

Brandenburger A M, Nalebuff B J. Co-opetition [M]. New York: Doubleday, 1996.

Braukmann U, Fischedick M, Lindfeld C R. Zur programmatischen Neuausrichtung der Gründungs-und Innovationsförderung aus Universitäten und Forschungseinrichtungen mittels CEODD und SCTGIZ [M]// Differentielles management. Wiesbaden: Springer Gabler, 2012: 253-284.

Breznitz S M, O'Shea R P, Allen T J. University commercialization strategies in the development of regional bioclusters [J]. Journal of Product Innovation Management, 2008,25(2): 129-142.

Chevalier A. Entrepreneurial orientation, technology transfer and spinoff performance of U. S. universities [J]. Research Policy, 2005,34(7): 994-1009.

Chukumba C, Jensen R. University invention, entrepreneurship, and start-ups [R]. National Bureau of Economic Research, 2005.

Clarysse B, Wright M, Lockett A, et al. Spinning out new ventures: a typology of incubation strategies from European research institutions [J]. Journal of Business Venturing, 2005,20(2): 0-216.

Cohen L R, Sanyal P, R&D choice in restructured industries: In-house v/s collaborative research in the US electricity industry [J]. SSRN Electronic Journal, 2004.

Cooper A C. Spin-offs and technical entrepreneurship [J]. IEEE Transactions on Engineering Management, 1971, EM-18(1): 2-6.

Davenport S, Carr A, Bibby D. Leveraging talent: spin-off strategy at industrial research [J]. R & D Management, 2010,32(3): 241-254.

Degroof J J, Roberts E. Overcoming weak entrepreneurial infrastructures for academic spin-Off ventures [J]. Journal of Technology Transfer, 2004,29(3-4): 327-352.

Di Gregorio D, Shane S. Why do some universities generate more start-ups than others? [J]. Research Policy, 2003,32(2): 209-227.

Dittmar A. Capital structure in corporate spinoffs [J]. The Journal of Business, 2004,77 (1): 9-44.

Dyer L, Reeves T. Human resource strategies and firm performance: what do we know and where do we need to go? [J]. International Journal of human resource management, 1995,6(3): 656-670.

Eisenharht K M, Martin J A. Dynamic capabilities: what are they? [J]. Strategic Management Journal, 2000,21(10): 1105-1121.

Elfring T, Hulsink W. Networks in entrepreneurship: The case of high-technology firms [J]. Small Business Economics, 2003,21(4): 409-422.

Epure M, Prior D, Serarols C. Assessing technology-Based spin-offs from university support units [J]. Regional Studies, 2016,50(3): 411-428.

Etzkowitz H, Leydesdorff L A. Universities and the global knowledge economy: a triple helix of university-industry-government relations [M]. New York: Springer, 2001.

Etzkowitz H. The norms of entrepreneurial science: cognitive effects of the new university-industry linkages [J]. Research Policy, 1998,27(8): 823-833.

Fuller A W, Rothaermel F T. When stars shine: The effects of faculty founders on new technology ventures [J]. Strategic Entrepreneurship Journal, 2012,6(3): 220-235.

Gartner W B. A conceptual framework for describing the phenomenon of new venture creation [J]. The Academy of Management Review, 1985,10(4): 696-709.

Gereffi G, Korzeniewicz M. Commodity chains and global capitalism [M]. London: Praeger, 1994.

Gertner R, Powers E, Scharfstein D. Learning about internal capital markets from corporate spin-offs [J]. SSRN Electronic Journal, 2002.

Gnyawali D R, Fogel D S. Environments for entrepreneurship development: key dimensions and research implications [J]. Entrepreneurship Theory & Practice, 1994, 18(4): 43-62.

Goldfarb B, Henrekson M. Bottom-up versus top-down policies towards the commercialization of university intellectual property [J]. Research Policy, 2003, 32(4): 639-658.

Gossner O. simple bounds on the value of a reputation [J]. Econometrica, 2011,5(5).

Grant R M. The resource-based theory of competitive advantage: implications for strategy formulation [J]. California Management Review, 1991,33(3): 114-135.

Hagedoorn J. Understanding the cross-level embeddedness of inter firm partnership formation [J]. Academy of Management Review, 2006,31(3): 670-680.

Hall B H, Link A N, Scott J T. Universities as research partners [J]. NBER Working Paper No. 7643,2000.

Hart A G. Government measures designed to promote regularization of business investment [R]. National Bureau of Economic Research, Inc, 1954.

Häyrinen-Alestalo M, Peltola U. The problem of a market-oriented university [J]. Higher Education, 2006,52(2): 251-281.

Heirman A, Clarysse B. How and why do research-based start-ups differ at founding? A resource-based configurational perspective [J]. Journal of Technology Transfer, 2004,29: 247-268.

Hellmann T, Puri M. The interaction between product market and financing strategy: the role of venture capital [J]. Review of Financial Studies, 2000,13(4): 959-984.

Hesse N, Sternberg R. Alternative growth patterns of university spin-offs: why so many remain small? [J]. International Entrepreneurship and Management Journal, 2017, 13(3): 953-984.

Hesse N. Career paths of academic entrepreneurs and university spin-off growth [C]// Entrepreneurship, human capital, and regional development. Cham: Springer, 2015: 29-57.

Hines P, Rich N, Bicheno J, et al. Value stream management [J]. The International Journal of Logistics Management, 1998,9(1): 25-42.

Hisrich R D. Entrepreneurship/intrapreneurship [J]. American Psychologist, 1990, 45(2): 209.

Hoopes D G, Postrel S. Shared knowledge, "glitches", and product development performance [J]. Strategic Management Journal, 1999,20(9): 837-865.

Huselid M A, Becker B E. The impact high performance work systems, implementation effectiveness, and alignment with strategy on shareholder wealth [J]. Academy of Management Best Papers Proceedings, 1997(1): 144-148.

Irani Z, Investment evaluation within project management: an information systems perspective [J]. Journal of the Operational Research Society, 2010,61(6): 917-928.

Johansson M, Jacob M, Hellstrom T. The strength of strong ties: university spin-offs and the significance of historical relations [J]. The Journal of Technology Transfer, 2005, 30(3): 271-286.

Ju N, Parrino R, Poteshman A M, et al. Horses and rabbits? Optimal dynamic capital structure from shareholder and manager perspectives [R]. National bureau of economic research, 2002.

Kaplan S N, Sensoy B A, Strömberg P. What are firms? Evolution from birth to public companies [C]// SIFR Research Report Series. 2005.

Kaufmann A, Todtling F. Systems of innovation in traditional industrial regions: the case of styria in a comparative perspective [J]. Regional Studies, 2000,34(1): 29-40.

Keat O Y, Selvarajah C, Meyer D. Inclination towards entrepreneurship among university students: An empirical study of Malaysian university students [J]. International Journal of Business and Social Science, 2011,2(4).

Kenney M, Goe W R. The role of social embeddedness in professional entrepreneurship: a comparison of electrical engineering and computer science at UC Berkeley and Stanford [J]. Research Policy, 2004,33(5): 691-707.

Kogut B, Zander U. Knowledge of the firm, combinative capabilities, and the replication of technology [J]. Organization Science, 1992(3): 383-397.

Kogut B. Designing global strategies: comparative and competitive value-added chains [J]. Sloan Management Review, 1985,26(4): 15-28.

Lansiti M, West J. Technology integration: Turning great research into great products [M]. Boston: Harvard Business School Press, 1997: 11.

Larson A, Starr J A. A network model of organization formation [J]. Entrepreneurship: Theory and Practice, 1993,17(2): 5-15.

Lee C C, Yang J. Knowledge value chain [J]. Journal of management development, 2000, 19(9),783-793.

Lee Y S. 'Technology transfer' and the research university: a search for the boundaries of university-industry collaboration [J]. Research Policy, 1996,25(6): 0-863.

Lockett A, Wright M, Franklin S J. Technology transfer and universities' spin-out strategies [J]. Small Business Economics, 2003,20(2): 185-200.

Lockett A, Wright M. Resources, capabilities, risk capital and the creation of university spin-out companies [J]. Research Policy, 2005,34(7): 1043-1057.

Lumpkin G T, Dess G G. Linking two dimensions of entrepreneurial orientation to firm performance: the moderating role of environment and industry life cycle [J]. Journal of Business Venturing, 2001,16(5): 429-451.

Mansfield E. Academic research underlying industrial innovations: sources, characteristics and financing [J]. Review of Economics & Statistics, 1995,77(1): 55-65.

Markley D. Community environment for entrepreneurship [C]. Center for Rural Entrepreneurship, 2002.

Mathisen M T, Rasmussen E. The development, growth, and performance of university spin-offs: a critical review [J]. The Journal of Technology Transfer: 1-48.

Mcqueen D H, Wallmark J T. Spin-off companies from chalmers university of eechnology [J]. Technovation, 1982,1(4): 305-315.

Mehrotra V, Mikkelson W, Partch M. The design of financial policies in corporate spin-offs [J]. Review of Financial Studies, 2003,16(4): 1359-1388.

Minnitti M, Bygrave W D. The microfoundations of entrepreneurship [J]. Entrepreneurship Theory and Practice, 1999,23(4): 41-52.

Mora-Valentin E M., Montoro-Sanchez A, Guerras-Martin L A, Determining factors in the success of R&D cooperative agreements between firms and research organizations [J]. Research Policy, 2004,33(1): 17-40.

Morris M H, Kuratko D F. Corporate entrepreneurship [M]. Harcourt College Publishers, 2003.

Motohashi K. University-industry collaborations in Japan: the role of new technology-based firms in transforming the national innovation system [J] Research Policy, 2005,34(5): 583-594.

Mustar P, Claryssebc B, Wright M. University spin-off firms in europe: what have we learnt from ten years of experience [C]// Prime annual conference 2007. Pisa, 2007.

Mustar P, Renault M, Colombo M G, et al. Conceptualising the heterogeneity of research-based spin-offs: A multi-dimensional taxonomy [J]. Research Policy, 2006,35(2): 289-308.

Mustar P, Wright M. Convergence or path dependency in policies to foster the creation of university spin-off firms? A comparison of France and the United Kingdom [J]. Journal of Technology Transfer, 2009,35(1): 42-65.

Nakwa K, Zawdie G, Intarakumnerd P. Role of intermediaries in accelerating the transformation of inter-firm networks into triple helix networks: a case study of SME-based industries in Thailand [J]. Procedia-Social and Behavioral Sciences, 2012, 52: 52-61.

Ndonzuau F N, Pirnay F, Surlemont B. A stage model of academic spin-off creation [J]. Technovation, 2002,22(5): 281-289.

Newman J H. The idea of a university [M]. Indiana: Indiana University of Notre Dame Press, 1982.

Nicolaou N, Birley S. Academic networks in a trichotomous categorisation of university spinouts [J]. Journal of Business Venturing, 2003a, 18(3): 333-359.

Nicolaou N, Birley S. Social Networks in Organizational Emergence: The University Spinout Phenomenon [J]. Management Science, 2003b, 49(12): 1702-1725.

O'Shea R, Chugh H, Allen T. Determinants and consequences of universtiy spin off activity: a conceptual framework [J]. The Journal of Technology Transfer, 2008,33(6): 653-666.

OECD. Science, Technology and Industry Outlook 1998 [R]. OECD, 1998.

Owen-Smith J, Powell W W. Careers and contradictions: faculty responses to the transformation of knowledge and its uses in the life sciences [J]. Research in the Sociology of Work, 2001,10(3): 109-140.

Ozaralli N, Rivenburgh N K. Entrepreneurial intention: antecedents to entrepreneurial behavior in the U. S. A. and Turkey [J]. Journal of Global Entrepreneurship Research, 2016,6(1): 3.

Pirnay F, Bernard Surlemont and Frédéric Nlemvo. Toward a typology of university spin-Offs [J]. Small Business Economics, 2003,21(4): 355-369.

Powell W W, Owen-Smith J. Universities and the market for intellectual property in the life sciences [J]. Journal of Policy Analysis and Management, 2008,17(2): 253-277.

Powers J B, Mcdougall P P. University start-up formation and technology licensing with firms that go public: a resource-based view of academic entrepreneurship [J]. Journal of Business Venturing, 2009,20(3): 291-311.

Prahalad C K, Hamel G. The core competence of the corporation [J]. Harvard Business Review, 1990,68(3): 79-91.

Rao V R, Agarwal M K, Dahlhoff D. How is manifest branding strategy related to the intangible value of a corporation? [J]. Journal of marketing, 2004,68(4): 126-141.

Rappert B, Webster A, Charles D. Making sense of diversity and reluctance: academic-industrial relations and intellectual property [J]. Research Policy, 1999,28(8): 873-890.

Rasmussen E, Borch O J. University capabilities in facilitating entrepreneurship: A longitudinal study of spin-off ventures at mid-range universities [J]. Research Policy, 2010,39(5): 602-612.

Rasmussen E, Wright M. How can universities facilitate academic spin-offs? An entrepreneurial competency perspective [J]. Journal of Technology Transfer, 2015, 40(3): 782-799.

Rayport J F, Sviokla J J. Exploiting the virtual value chain [J]. Harvard Business Review, 1995,73(6): 75-99.

Roberts E B, Malonet D E. Policies and structures for spinning off new companies from research and development organizations [J]. R & D Management, 1996,26(1): 17-48.

Rogers E M, Takegami S, Yin J. Lessons learned about technology transfer [J]. Technovation, 2001,21(4): 253-261.

Romanelli E. Organization birth and population ecology: A community perspective on origins [M], JAI Press, 1989: 211-246.

Rothaermel F T, Thursby M. University-incubator firm knowledge flows: assessing their impact on incubator firm performance [J]. Research Policy, 2005,34(3): 305-320.

Rudd E. The research orientation of British universities [J]. Higher Education, 1973,2(3):

301-324.

Rust R T, Huang M H. Optimizing service productivity [J]. Journal of Marketing, 2012, 76 (2): 47-66.

Sahlman W A. Some thoughts on business plan: The entrepreneurial venture [M]. New York: HBS publication, 1999.

Santoro M D, Chakrabarti A K. Firm size and technology centrality in industry-university interactions [J]. Research policy, 2002, 31(7): 1163-1180.

Sarpong D, Abdrazak A, Alexander E, et al. Organizing practices of university, industry and government that facilitate (or impede) the transition to a hybrid triple helix model of innovation [J]. Technological Forecasting and Social Change, 2017, 123: 142-152.

Saxenian A. The origins and dynamics of production networks in Silicon Valley. Research Policy, 1991, 20(5): 423-437.

Schueth S. Assembling international competitiveness: the republic of Georgia, USAID, and the doing business project [J]. Economic Geography, 2011, 87(1).

Shane S, Stuart T. Organizational endowments and the performance of university start-ups [J]. Management Science, 2002, 48(1): 154-170.

Shane S. Technological opportunities and new firm creation [J]. Management Science, 2001, 47(2): 205-220.

Shapero A, Sokol L. Social dimensions of entrepreneurship [M]. Englewood Cliffs: Prentice Hall, 1982.

Siegel D S, Waldman D, Link A. Improving the effectiveness of commercial knowledge transfers from universities to firms [J]. Journal of High Technology Management Research, 2003, 14(1): 111-133.

Sine W D, Shane S, Gregorio D D. The halo effect and technology licensing: The influence of institutional prestige on the licensing of university inventions [J]. Management Science, 2003, 49(4): 478-496.

Smilor R W, Dietrich G B, Gibson D V. The entrepreneurial university-the role of higher-education in the United-States in technology commercialization and economic-development [J]. International Social Science Journal, 1993, 45(1): 1-11.

Smith G H L. Proximity and complexity in the emergence of high technology industry: The oxbridge comparison [J]. Geoforum, 1998, 29(4): 433-450.

Snedden D. Functions of the university [J]. Higher Education, 1931.

Soetanto D, Van Geenhuizen M. Getting the right balance: University networks' influence on spin-offs' attraction of funding for innovation [J]. Technovation, 2015, 36-37: 26-38.

Stam E. Why Butterflies Don't Leave: Locational Behavior of Entrepreneurial Firms [J]. Economic Geography, 2007, 83(1): 27-50.

Steffensen M, Rogers E M, Speakman K. Spin-offs from research centers at a research university [J]. Journal of Business Venturing, 2000, 15(1): 93-111.

Sternberg, Rolf. Success factors of university-spin-offs: regional government support programs versus regional environment [J]. Technovation, 2014, 34(3): 137 - 148.

Stuart T E, Sorenson O. Social networks and entrepreneurship [J]. Entrepreneurship Theory & Practice, 2003, 28(1): 1 - 22.

Teece D J, Pisano G, Shuen A. Dynamic capabilities and strategic management [J]. Strategic management journal, 1997, 18(7): 509 - 533.

Timons J A, Spinelli S. New venture creation: entrepreneurship for the 21st Century [M]. New York: McGraw-Hill Companies, 2006: 356.

Tjeldvoll A, Holtet K. The service university in a service society: the oslo case [J]. Higher Education, 1998, 35(1): 27 - 48.

Vanaelst I, Clarysse B, Wright M, et al. Entrepreneurial team development in academic spinouts: an examination of team heterogeneity [J]. Entrepreneurship Theory and Practice, 2006, 30(2): 249 - 271.

Veugelers R, Cassiman B. R&D cooperation between firms and universities. Some empirical evidence from Belgian manufacturing [J]. International Journal of Industrial Organization, 2005, 23(5 - 6): 355 - 379.

Vohora A, Wright M, Lockett A. Critical junctures in the development of university high-tech spinout companies [J]. Research Policy, 2004, 33(1): 147 - 175.

Walter A, Auer M, Ritter T. The impact of network capabilities and entrepreneurial orientation on university spin-off performance [J]. Journal of Business Venturing, 2006, 21(4): 541 - 567.

Wigand R, Pocot A, Reichwald R. Information, organization and management [M]. Chichester: John Wiley and Sons Ltd., 1997: 108 - 109.

Winter S G. Understanding dynamic capabilities [J]. Strategic Management Journal, 2003, 24(10): 991 - 996.

Wright M, Locket Y T, Clarysse B, et al. University spin-out companies and venture capital [J]. Research Policy, 2006, 35(4): 481 - 501.

Wu S, Wu L. The impact of higher education on entrepreneurial intentions of university students in China [J]. Journal of Small Business and Enterprise Development, 2008, 15(4): 752 - 774.

Youtie J, Shapira P. Building an innovation hub: a case study of the transformation of university roles in regional technological and economic development [J]. Research Policy, 2008, 37(8): 1188 - 1204.

Zeng L. Effects of changes in outputs and in prices on the economic system: an input-output analysis using the spectral theory of nonnegative matrices [J]. Economic Theory, 2008, 34(3): 441 - 471.

Zucker L G, Darby M R, Armstrong J. Geographically localized knowledge: spillovers or markets? [J]. Economic Inquiry, 1998, 36(1): 65 - 86.

包姣姣. 创业环境对众创空间创业绩效影响研究[D]. 石家庄: 河北经贸大学, 2018.

宝贡敏, 余红剑. 关系网络与创业互动机制研究[J]. 研究与发展管理, 2005, 17(3): 46 - 51.

蔡莉, 崔启国, 史琳. 创业环境研究框架[J]. 吉林大学社会科学学报, 2007, 47(1): 50 - 56.

蔡翔,王文平,李远远.三螺旋创新理论的主要贡献、待解决问题及对中国的启示[J].技术经济与管理研究,2010(1):26-29.
陈桂香.高校、政府、企业联动耦合的创新创业型人才培养机制形成分析——基于三螺旋理论视角[J].大学教育科学,2015(01):42-47.
陈红喜.基于三螺旋理论的政产学研合作模式与机制研究[J].科技进步与对策,2009,26(24):6-8.
池仁勇.美日创业环境比较研究[J].外国经济与管理,2002,24(9):13-19.
崔琳,方厚政,罗鄂湘.资源禀赋视角下的大学衍生企业研究综述[J].科技进步与对策,2011,28(2):155-160.
丁珺.关系视角下大学衍生企业成长模式研究[D].杭州:浙江工商大学,2017.
丁云龙.大学科技园的网络本质和战略选择[J].自然辩证法研究,2004(5):62-66.
董咏雪.社会资本与大学生就业研究[J].辽宁行政学院学报,2011,13(3):128-129.
方卫华.创新研究的三螺旋模型:概念、结构和公共政策含义[J].自然辩证法研究,2003,19(11):69-72.
冯玲,陈林奋.中国高技术成果商品化过程中新企业衍生的微观机制研究[J],科研管理,2001,22(2):46-54.
郭斌.知识经济下产学合作的模式机制与绩效评价[M].北京:科学出版社,2007.
郭晓川.大学-企业合作技术创新行为的实证研究[D].上海:复旦大学,1998.
郭元源.城市创业环境评价方法及应用研究[D].杭州:浙江工业大学,2005.
何建坤,孟浩,周立等.研究型大学技术转移及其对策[J].教育研究,2007(8):15-22.
胡玲玉,吴剑琳,古继宝.创业环境和创业自我效能对个体创业意向的影响[J].管理学报,2014(10):1484-1490.
季佳玉.产学研合作的模式与机制研究[D].大连:大连理工大学,2008.
金兰.基于个体特质和资源视角的创业意向影响因素[J].经营管理者,2010(24):201-201.
金益多.河北省大学生创业环境[J].河北联合大学学报(社会科学版),2016,16(1):75-80.
黎涓,祁雪.科技人员创业环境评价模型研究[J].天津科技,2009(4):116-119.
李海燕.创新创业教育环境氛围营造[J].中小企业管理与科技(上旬刊),2011(1):154-155.
李华晶,王睿.知识创新系统对中国大学衍生企业的影响[J],科技管理研究,2011,29(1):114-120.
李家强.清华百年精神与继续教育发展[J].成人教育,2011,31(8):4-7.
李萌.美国斯坦福大学创业教育研究[D].石家庄:河北大学,2011.
李宁.企业—大学联盟动机和模式研究[D].石家庄:河北科技大学,2011.
李文博.集群情景下大学衍生企业创业行为的关键影响因素——基于扎根理论的探索性研究[J].科学学研究,2013,31(1):92-103.
李雯,解佳龙,詹婷婷.大学知识溢出驱动的衍生企业创建:模式选择与作用机制[J].技术经济,2017,36(3):89-97.
李雯,夏清华.学术型企业家对大学衍生企业绩效的影响机理——基于全国"211工程"大学衍生企业的实证研究[J].科学学研究,2012(2):284-293.
李雯,夏清华.大学衍生企业的创业支持网络研究——构成要素及有效性[J].科学学研究,

2013,31(5):742-750.

李小丽.三螺旋模式下大学专利技术转移组织构建的理论框架分析[J].自然辩证法通讯,2016,38(01):116-124.

李昱.大学衍生企业成长中的核心要素浅析——基于创业研究的视角[J].科学治理研究,2005,25(10):106-108.

刘嘉楠,张一帆,孙玉涛等.推进中国创新体系建设的重要途径选择——产学研合作网络演化特征及连接模式[J].价格理论与实践,2018(12):69-72.

刘军,徐丰伟.产业技术创新视角下产学研战略联盟模式选择[J].中国高校科技与产业化,2010(10):37-39.

刘伟,罗公利.基于组织生态理论的科技企业创业环境构成要素模型研究[J].青岛科技大学学报(社会科学版),2015,31(1):69-74.

刘向兵.大学核心竞争力概念辨析[J].中国人民大学学报,2006,2:143-146.

刘叶.创业型大学的发展之道:以沃里克大学为例[J].高教发展与评估,2010,26(5):85-92.

马飞,苗淑娟,薛丽娜.基于生命周期的高科技型中小企业融资特征.经济纵横,2006,7:71-73.

马向阳,王永涛,郑春东.中国大学衍生企业创业模式探讨[J].中国科技论坛,2010(12):65-69.

马占杰.国外创业意向研究前沿探析[J].外国经济与管理,2010(4):9-15.

迈克尔·波特.竞争优势[M].北京:华夏出版社,1997.

毛金.成人高等函授教育质量管理的问题与对策[J].继续教育研究,2010,7:33-35.

毛晓翔,蔡芸,韦志辉.行业特色大学学科体系构建研究[J].现代教育科学,2013(9):52-55.

牛娇.创业环境与创业机会的关系研究——以西安市中小企业为例[D].西安:西北大学,2009.

庞文,丁云龙.大学衍生企业创生及其成功的政策原则[J].科研管理,2014,35(11):171-177.

庞文,丁云龙.论大学衍生企业的能力进化格局——基于东北大学和东软集团的精致案例分析[J].研究与发展管理,2012(04):103-112.

庞文.大学衍生企业的能力:概念及其特性[J].科技管理研究,2013,33(13):110-114.

钱永红.创业意向影响因素研究[J].浙江大学学报(人文社会科学版),2007,3(17):144-151.

乔俊杰,闫科.大学衍生企业的资源需求与实现:基于衍生阶段模型的分析[J],中南民族大学学报,2008,28(4):129-132.

裘凤英.基于三螺旋理论的大学衍生企业创新绩效与区域创新能力的关系研究——以华东地区为例[D].上海:华东理工大学,2013.

任浩,卞庆珍.大学衍生企业:概念属性、创生动因与运行机制[J].南京社会科学,2018(6):82-88.

施永川.中国高校创业教育十年发展历程[J].中国高教研究,2013(4):69-73.

苏益男.大学生创业环境的结构维度、问题分析及对策研究[J].徐州师范大学学报,2009,(11):117-121.

孙晓园,张晓燕.继续教育——新世纪大学教育的重要使命[J].继续教育,2009,23(6):

22-23.

陶冶. 美国的大学创业教育对中国产学研合作的启示[J]. 科技管理研究,2010,30(10):84-86.

田伏虎. 试论高等学校发展的定位[J]. 理论月刊,2006(9):90-92.

万细梅,朱光喜. 中国大学生创业模式探析[J]. 青年探索,2007(1):21-22.

王满四,李楚英. 基于6因素模型的大学生创业意愿影响因素分析——来自广州的调查[J]. 广州大学学报,2011(2):90-95.

王淑荣,牟莉莉. 基于GEM模型的大连市中小企业创业环境分析[J]. 对外经贸,2013(12):101-104.

王雪原. 中国产学研联盟模式与机制研究[D]. 哈尔滨:哈尔滨理工大学,2006.

王招治,苏晓华. 高校衍生企业的企业家能力、资源基础与企业绩效[J]. 科技进步与对策,2011(5):147-151.

吴江. 大学生利用网络搜集创业信息的能力培养[J]. 情报探索,2011(03):81-83.

吴启运,张红. 创业环境对大学生创业倾向影响的实证研究[J]. 黑龙江高教研究,2008(11):129-131.

武洋. 基于授权博弈的中介协调型产学研合作模式研究[J]. 科学管理研究,2018,36(01):13-16.

向良喜. 高校文化的可持续发展浅析[J]. 山西师大学报:社会科学版,2006,33(z1):122-124.

徐哗彪,徐凤菊. 浅谈知识创新与"产学研"合作[J]. 科技创业月刊,2004(7):11-12.

杨德林,汪青云,孟祥青. 中国研究型大学衍生企业活动影响因素分析[J]. 科学学研究,2007(3):511-517.

杨隽萍,蔡莉. 基于智力资本视角的科技型大学衍生公司特征研究[J]. 税务与经济,2007,3:22-29.

杨武斌. 创业环境是创业成功的外部条件[J]. 科技创业,2004(8):20-20.

杨铁波. 中国大学衍生的动态演化分析[D]. 上海:上海交通大学,2010.

叶伟巍. 产学合作创新机理与政策研究——以浙江省为例[D]. 杭州:浙江大学,2009.

易朝辉,夏清华. 创业导向与大学衍生企业绩效关系研究——基于学术性创业者资源支持的视角[J]. 科学学研究,2011,29(5):735-743

易高峰,程骄杰,赵文华. 中国大学衍生企业发展的影响因素分析[J]. 清华大学教育研究,2010,31(4):65-69.

游振声. 美国高等学校创业教育研究[D]. 重庆:西南大学,2011.

张承龙,夏清华. 基于产业网络嵌入视角的大学衍生企业创业导向与绩效关系的实证分析[J],商业经济与管理,2012,250(8):25-33.

张文涛. 基于组织生态理论的创业环境因子探析[J]. 首都经济贸易大学学报,2006,8(1):15-19.

张小平,邓晓卫,焦军彩. 基于集聚效应的产业布局优化研究[J]. 商业经济研究,2011(4):119-120.

张玉利,陈立新. 中小企业创业的核心要素与创业环境分析[J]. 经济界,2004(3):29-34.

张云逸,曾刚. 基于三螺旋模型的高校衍生企业形成机制研究——以上海高校衍生企业为例

[J],科技管理研究,2009(8):207-215.

赵祥.集聚还是分散——兼论中国区域协调发展的策略[J].产业经济评论(山东大学),2010,09(3):93-115.

赵振宇,刘曦子.企业四阶动态能力的层级建构及其模型[J].华北电力大学学报(社会科学版),2014(06).

智瑞芝.区域创新体系下的日本大学衍生企业研究[D].上海:华东师范大学,2007.

智瑞芝.日本大学衍生企业的形成机制及影响因素分析[J].现代日本经济,2010(1):48-54.

周春彦,[美]亨利·埃茨科威兹.双三螺旋:创新与可持续发展[J].东北大学学报(社会科学版),2006,8(3):170-174.

周建涛.试论校友资源在高校发展中的作用[J].教育探索,2010(12):78-80.

周一杰,王柏轩.大学衍生企业与母体的互动发展模型探析[J].技术经济,2009,28(5):8-11.

周勇,凤启龙,陈迪.创业环境对大学生自主创业动机的影响研究——基于江、浙、沪高校的调研[J].教育发展研究,2014,34(17):33-37.

朱光龙.城市群产业集聚效应实证分析——以中原城市群为例[J].商业经济研究,2014(30):132-134.

朱红.个性化深度辅导与首都大学生发展的实证分析[J].北京大学教育评论,2010,8(1):45-62.

竹内弘高,野中郁次郎.知识创造的螺旋[M].李萌,译.北京:知识产权出版社,2006.

庄正风,张丹.高校价值观教育方法浅析[J].南京工业大学学报(社会科学版),2004,3(2):90-93.

邹波,于渤.试论三螺旋创新模式[J].黑龙江社会科学,2010,122(5):35-38.

后 记

这本书稿是 2013 年中标的国家哲学社会科学基金青年项目的研究成果，可谓历时之久，研究投入之多、之大，都是我从事学术研究以来史无前例的。通过这些年的研究，我愈加觉得创新创业是作为国家未来发展的新优势而存在的一个重要支撑点。

一是以创新驱动、高质量供给引领和创造新需求，塑造经济发展新优势。"十四五"期间中国经济发展主要任务是坚持深化供给侧结构性改革，以创新驱动、高质量供给引领和创造新需求；坚持扩大内需这个战略基点，形成强大国内市场；推动形成国内大循环为主体、国内国际双循环相互促进的新发展格局。当代的创新经济大多是通过科技创新创业形成的，在创新创业时代，大学衍生创业将成为经济发展的主要动力。一方面是以创新形成更高质量的产品和服务的有效供给，带动新需求，形成新的经济发展优势；另一方面是让市场及时出清，减少低端供给。

二是着重强化国家战略科技力量、优化科技成果转化机制，塑造科技创新发展新优势。大学作为推动完善国家科技创新体系的重要力量，在促进和优化大学科技成果向社会、向产业、向企业转化方面有着显著的正向作用，从而助推中国科技创新由"跟跑者"向"并跑者"和"领跑者"转变。

三是建设高质量科技创新载体、支持创新型中小微企业成长为创新重要发源地，塑造创新型中小微企业发展新优势。大学科技园区、众创空间等载体已成为高新技术、创新创业企业资源集聚、创新创业氛围浓厚、科技创新产业化成果丰硕的平台。对促进国家及区域创新经济发展、创新能力提升和创新人才培养等都发挥了极为关键的推动作用，是构建国家创新体系的基础设施。大学衍生创业发展，是国家创新驱动发展的重要内容，是突破经济稳态和发展动力转换的关键。

因而，对于大学衍生创业的研究可以算得上是"创新创业"的"起点"研究。

俗话说,"万事开头难",只要把创新的源头问题解决好了,也就成功了一大半。从另一方面来看,在经济转型的大背景下,不论创新还是创业都存在很大风险,会有许多失败者。这属于正常现象,应该以包容的态度来对待。创业创新精神的核心是试错,在"错"中试出"对",进而寻求生机。从这个意义上说,大学衍生创业也是创业者的一次"试错"机会,是社会发展经验积累的有效途径。真正沉淀下来的就会是经受住市场考验的创新产品、创新企业。

人类社会的发展史,实际上就是一部"大众创业、万众创新"的历史。科技进步不会停止,社会进步需要新点子和新商业。从这个角度看,双创永远不会过热。推进双创是一个中长期战略规划,大学尤其要扮好"后台服务器"的角色。要主动转变自身职能,因时、因势地适应变化;要强调创新为本、高端引领,由创新驱动创业并最终促进创新发展,最终落脚在促进实体经济转型升级,同时注重知识产权保护和战略性新兴产业支撑。通过共同努力,让集"众智"的创新创业真正成为推动社会改革进步的源泉动力和经济发展的新引擎。

本书的付梓要感谢的人很多,感谢上海社会科学院应用经济研究所领导的关心与支持;感谢上海社会科学院出版社编辑们的细致校改;感谢课题组成员的辛勤付出与倾力投入;也要感谢我的家人们对我科研工作上的支持。科研之路也如同创业之路,有艰辛,有困惑,有感动,有收获,更因有一群志同道合的同伴们才会精彩纷呈。

作者于上海社会科学院总部大楼
2021 年 3 月 3 日

图书在版编目(CIP)数据

大学衍生创业的影响机制与政策研究 / 曹祎遐著.—上海：上海社会科学院出版社，2021
ISBN 978 – 7 – 5520 – 2526 – 2

Ⅰ.①大… Ⅱ.①曹… Ⅲ.①大学生—职业选择—研究—中国 Ⅳ.①G647.38

中国版本图书馆 CIP 数据核字(2018)第 267240 号

大学衍生创业的影响机制与政策研究

著　　者：曹祎遐
责任编辑：应韶荃
封面设计：周清华
出版发行：上海社会科学院出版社
　　　　　上海顺昌路 622 号　邮编 200025
　　　　　电话总机 021 – 63315947　销售热线 021 – 53063735
　　　　　http：//www.sassp.cn　E-mail：sassp@sassp.cn
照　　排：南京前锦排版服务有限公司
印　　刷：镇江文苑制版印刷有限责任公司
开　　本：710 毫米×1010 毫米　1/16
印　　张：12
字　　数：200 千字
版　　次：2021 年 7 月第 1 版　2021 年 7 月第 1 次印刷

ISBN 978 – 7 – 5520 – 2526 – 2/G·795　　　定价：60.00 元

版权所有　翻印必究